Manfred Mohr

Welcher Bestelltyp bist du?

AF238411

Manfred Mohr

Welcher Bestelltyp bist du?

So werden deine Wünsche wahr!

Omega

Omega-Verlag ist ein Imprint des Verlages »Die Silberschnur« GmbH
Copyright © 2020 Verlag »Die Silberschnur« GmbH

ISBN: 978-3-89845-641-8

1. Auflage 2020

Gestaltung & Satz: XPresentation, Güllesheim
Umschlaggestaltung: XPresentation, Güllesheim; unter Verwendung verschiedener Motive von © nednapa, © tatiana_tigris, www.shutterstock.com
Druck: CPI Moravia Books s.r.o.

Verlag »Die Silberschnur« GmbH · Steinstr. 1 · 56593 Güllesheim
www.silberschnur.de · E-Mail: info@silberschnur.de

Inhalt

Einleitung   7

Eine kleine Übersicht zum Lesen dieses Buches   13

Kapitel 1: Was ist eine Bestellung beim
            Universum überhaupt?   17

Kapitel 2: So berechnest du deine Lebenszahl   35

Kapitel 3: Die Bedeutung deiner Lebenszahl   41
            Eine kleine Analogie zum Einstieg   42
            Deine Lebenszahl und ihre Aufgabe   47
            Die neun Lebenszahlen   52

Kapitel 4: So bestellen die einzelnen Lebenszahlen   79

Kapitel 5: Dein Sternzeichen und seine
            Eigenschaften   111

Kapitel 6: Wie bestellt dein Sternzeichen
            am besten?   163

Kapitel 7: Die Verbindung zwischen deinen
            Zahlen und Sternen   201

Kapitel 8: Typische Fragen und Antworten
zu den Bestellungen 215

Nachwort 235

Anhang 241
Verwendete Literatur 241
Veröffentlichungen und Seminare 242

Über den Autor 245

Einleitung

Im Jahr 1998 erschien das unscheinbare kleine Büchlein »Bestellungen beim Universum – ein Handbuch zur Wunscherfüllung«, das für viele seiner Leser zum Anlass wurde, sich erstmals über die Kraft der Gedanken bewusst zu werden und ihr Leben mit Hilfe des Wünschens freudiger zu gestalten. Ich selbst bin auch jemand, dem dieses Buch kurz nach Erscheinen in die Hände fiel, und es hat meinen weiteren Werdegang wirklich maßgeblich zum Guten verwandelt.

Einer meiner ersten Wünsche war damals, einmal bei einem der Wochenendseminare von Bärbel mit dabei sein zu dürfen, und dann folgte noch so viel mehr. Ich lernte Bärbel kennen, zog nach München, wir bekamen Kinder und schließlich schrieben wir zusammen Bücher und hielten sogar gemeinsam Vorträge und Seminare. Heute führe ich unsere gemeinsame Arbeit in ihrem Sinne schon seit vielen Jahren fort.

»Deine Zahlen, deine Sterne – welcher Bestelltyp bist du?« ist nun ein neuer Meilenstein bei der Weiterentwicklung des Bestellens. Im Laufe der letzten Jahre habe ich dabei den Menschen selbst immer mehr in den Mittelpunkt gestellt, da wir ganz persönlich es sind, die den Kontakt zum Universum herstellen, und darum entscheiden weitgehend wir allein darüber, wir gut unsere Wünsche beim himmlischen Lieferboten ankommen. Jeder von uns ist aber bekanntlich sehr individuell, und schon lange beschäftigte mich darum der Wunsch, die charakteristischen Eigenarten eines Menschen zu beschreiben und dabei genauer auf die unterschiedlichen Herangehensweisen beim Bestellen einzugehen. Jeder von uns hat spezielle Charakterzüge, und darum wünscht jeder auf seine eigene, ganz besondere Art und Weise.

Dieses Buch möchte dir für eine bessere Verbindung zum Universum zur Seite zu stehen. Aber es möchte noch mehr, es kann dir außerdem dabei helfen, dich insgesamt besser zu verstehen, denn unsere persönliche Herangehensweise ans Universum ähnelt grundsätzlich sehr unserem Umgang mit anderen Menschen oder dem Leben selbst. Jeder von uns hat seine Eigenheiten, Stärken und Schwächen, und im Laufe dieses Buches möchte ich dir zeigen, wie du deine Stärken besser nutzen und deine Schwächen liebevoller in dein Herz nehmen kannst. Das Universum liebt glückliche Menschen, und Glück zieht noch mehr Glück an. Selbstverständlich funktionieren dann die Bestellungen viel besser – wenn ich ganz bei mir und in meiner Mitte bin. Sie sind dann ein netter und sehr erfreulicher Nebeneffekt. Vor allem aber sind wir uns unseres Selbst mehr bewusst und darum ganz allein und für uns in der Lage, unser Leben nach unseren Wünschen und Vorstellungen zu gestalten. Wir werden dabei immer mehr selbst unseres Glückes Schmied – und das Universum hilft uns freundlicherweise dabei.

Woher kommen nun die Informationen über die verschiedenen Persönlichkeiten? Schon lange beschäftige ich mich mit den Möglichkeiten, auf einfache Weise Rückschlüsse auf die unterschiedlichen Charaktere ziehen zu können. Dabei bin ich auf große Gemeinsamkeiten der beiden wohl bekanntesten Methoden dazu gestoßen, der Astrologie und der Numerologie. Beide stützen sich vor allem auf das Geburtsdatum eines Menschen, und daraus lassen sich zwei Ankerpunkte ableiten, die beide gleichermaßen auf den Charaktertyp eines Menschen Einfluss nehmen, nämlich das Sternzeichen und die Lebenszahl. Sowohl die Sterne wie auch die Zahlen wirken zum Zeitpunkt unserer Geburt prägend auf einen Menschen ein. Verwendet man Sternzeichen und Lebenszahl gleichberechtigt bei der Persönlichkeitsanalyse, können sich beide je nach vorhandener Kombination verstärken oder abschwächen, ähnlich wie es in der Astrologie etwa durch die Hinzunahme des Aszendenten zum Sternzeichen geschehen kann. Verwendet man beide Methoden parallel, dann erlaubt dies außerdem verschiedene Blickwinkel und die Aussagen zur Persönlichkeit werden darum feiner und genauer. Dieses neue System zur spielerischen Charakterkunde habe ich in meinem Buch »Deine Zahlen, deine Sterne – sich selbst erkennen, andere verstehen« beschrieben, das die Grundlage für die genauere Persönlichkeitsanalyse schafft, auf der wir nun aufbauen können.

Jetzt möchte ich einen Schritt weitergehen und diese Methode der »Zahlen und Sterne« für das Bestellen erweitern. Dabei werden wir auch sehen, wie wir mit dem Leben als solchem umgehen. Denn jeder von uns lebt seinen Alltag auf ganz besondere und spezielle Weise, und jeder hat ganz persönliche Charakterzüge mit Stärken und Schwächen, die uns als Menschen ausmachen. Wenn wir uns selbst anhand der Zahlen und Sterne besser kennenlernen, kann es uns gelingen, uns in unseren Schwächen liebevoller anzunehmen und darum glücklicher zu werden. Viele unserer persönlichen Probleme entspringen bestimmten Verhaltensweisen und deren Kenntnis ermöglicht es uns, dieses Verhalten zu durchschauen, zu hinterfragen und neue Lösungswege zu gehen. Oft sind unsere Schwächen auch versteckte Stärken und erlauben uns erst, wirklich in unser Potenzial zu kommen, wenn wir sie kennenlernen und den versteckten Schatz in ihnen entdecken.

Um deiner Persönlichkeit immer mehr auf die Spur zu kommen, verwenden wir also zum einen dein Sternzeichen, das du sicherlich schon ein wenig kennst. Außerdem lässt sich aus dem Geburtsdatum noch deine Lebenszahl ableiten, die dir vielleicht eher noch unbekannt ist. Darum fangen wir mit der Beschreibung der neun Lebenszahlen an. Zuerst zeige ich dir, wie du deine Lebenszahl ganz einfach berechnest und dann schauen wir uns die Konsequenzen an, die deine Lebenszahl für deinen Bestelltyp hat. Danach stelle ich dir die zwölf Sternzeichen in gleicher Weise vor. Im Resultat beschreibe ich dir also die möglichen 9 Lebenszahlen plus die 12 hinlänglich bekannten Sternzeichen, was in Summe 21 Bestelltypen ergibt. Man könnte sie auch »Archetypen des Bestellens ans Universum« nennen. Da dir sowohl ein Sternzeichen wie eine Lebenszahl zugeordnet werden kann, besitzt du damit immer gleich zwei Bestelltypen, die dir vom Himmel bei deiner Geburt zur Verfügung gestellt worden sind.

In ihrer Herangehensweise mögen sich Astrologie und Numerologie zwar auf den ersten Blick sehr unterscheiden, jedoch müssen sie sich grundsätzlich ähneln, betrachten sie doch beide die Verhaltensweisen von uns Menschen, wenn auch aus unterschiedlichen Blickwinkeln. So entspricht die Lebenszahl 6 beispielsweise über weite Strecken den Eigenschaften des Sternzeichens Jungfrau, während die Lebenszahl 8 den Besonderheiten des Sternzeichens Skorpion recht nahe kommt. Da es zwar 12 Sternzeichen, aber nur 9 Lebenszahlen gibt, kann diese Zuordnung jedoch nicht immer genau 1:1 gelingen. Manche Sternzeichen müssen sich darum die Eigenschaften einer Lebenszahl teilen. Hier darum gleich zur Einstimmung ein kurzer Einblick in diesen wichtigen Zusammenhang:

Die Lebenszahl 1
  spiegelt die Eigenschaften der Sternzeichen
  Widder und Wassermann wider.

Die Lebenszahl 2
  ähnelt der venusischen Charakteristik
  von Stier und Waage.

Die Lebenszahl 3
  stellt eine Kombination von Zwilling und Krebs dar.

Die Lebenszahl 4
  hat viele Übereinstimmungen mit dem
  Steinbock-Prinzip.

Die Lebenszahl 5

kommt der Kombination Löwe mit Zwilling recht nahe.

Die Lebenszahl 6

entspricht wie gesagt sehr der Jungfrau.

Die Lebenszahl 7

hat vieles von Waage und Fisch.

Die Lebenszahl 8

findet sich in ihren Besonderheiten am meisten beim Skorpion.

Die Lebenszahl 9

hat viele Entsprechungen im Sternzeichen Schütze.

Je nach Kombination können sich also die Zahlen und Sterne verstärken oder abschwächen. Eine Jungfrau mit der Lebenszahl 6 wird die Eigenschaften der beiden verstärkt aufweisen, da beide sich ähneln. Eine Jungfrau mit der Lebenszahl 7 ist stattdessen gegensätzlicher und wird die Besonderheiten von beiden eher abschwächen, wie es etwa bei einer Jungfrau mit Fische-Aszendent der Fall wäre. Später besprechen wir diese gegenseitigen Einflüsse noch eingehender.

So, nach dieser Einführung in das Thema geht es nun aber richtig los. Ich wünsche dir viel Entdeckerfreude beim Lesen und natürlich allzeit gut Bestell'!

In Verbundenheit

Manfred Mohr

Eine kleine Übersicht zum Lesen dieses Buches

Um das Lesen für dich ein wenig einfacher zu gestalten, möchte ich dir zu Anfang in einer zweiten Einleitung einen kleinen Überblick über dieses Buch geben. Was erwartet dich in den folgenden Kapiteln?

1. Was ist eine Bestellung beim Universum überhaupt?
Für alle, die das Bestellen beim Universum noch nicht kennen, habe ich an den Anfang eine kleine Einführung dazu gestellt. Das Lesen lohnt sich aber auch für »alte Hasen«, die das Wünschen bereits recht gut kennen. Denn es sind genau neun Tipps und Anregungen, die ich dir an die Hand gebe, und ich bringe dann am Schluss diese neun Wunschregeln in Zusammenhang mit den neun Lebenszahlen. Auf diese Weise lernst du nebenbei schon ein wenig Numerologie.

2. So berechnest du deine Lebenszahl
Dann machen wir mit den Lebenszahlen weiter, denn wahrscheinlich kennst du deine eigene Zahl noch gar nicht. Ich zeige dir, wie du deine Zahl ganz einfach berechnest, und gebe dir dazu ein paar Beispiele, damit du

dich sicherer fühlst im Umgang mit der Methode. Keine Angst vor Mathematik, es ist ein einfaches Summieren mit kleinen Zahlen. Nur Mut!

3. Die Bedeutung deiner Lebenszahl

Jetzt kennst du deine Zahl und sicher bist du neugierig, was sie denn ganz genau bedeutet. Dazu kommen wir nun. Vorher gebe ich dir aber eine Hilfe, damit du dir die Bedeutung der einzelnen Zahlen besser merken kannst. Über deine Lebenszahl erfährst du so manches über deine Aufgabe wie auch über das persönliche Ziel, das du dir für dein Leben gesetzt hast. Ich stelle dir in diesem Kapitel die einzelnen Lebenszahlen mit ihren Stärken und Schwächen genauer vor.

4. Wie bestellen die einzelnen Lebenszahlen?

Nun verbinden wir die Lebenszahlen mit dem Bestellen und ich gehe auf deine besondere Thematik beim Wünschen ein. Jede Lebenszahl hat ganz besondere Themen, mit ihrer Kraft und Lebensenergie umzugehen, und dies hat natürlich auch Auswirkungen auf das Bestellen. Hier findest du deinen ersten Bestelltyp, der aus deiner Lebenszahl folgt.

5. Dein Sternzeichen und seine Eigenschaften

Danach befassen wir uns in ebensolcher Weise mit den Sternzeichen. Wahrscheinlich hast du dir schon einiges über dein Geburtszeichen angelesen? Und doch würde ich dich bitten, dieses Kapitel für dein spezielles Zeichen nochmals gründlich durchzulesen. Dann kannst du sicher sein, mit deinen besonderen Stärken und Schwächen vertraut zu sein.

6. Wie bestellt dein Sternzeichen am besten?

Wie schon bei den Zahlen, so haben auch die einzelnen Sternzeichen besondere Aufgaben und Herausforderungen beim Wünschen. Hier stelle ich sie dir vor. Damit kennst du nun deinen zweiten Bestelltyp, der aus deinem Sternzeichen resultiert.

*7. Die Verbindung zwischen deinen Zahlen
und Sternen*

Jetzt kennst du die Charakteristiken deines Sternzeichens und deiner Lebenszahl. In diesem Kapitel beschreibe ich dir nun zusammenfassend, wie die beiden miteinander auskommen und wechselwirken. Jeder Mensch hat bestimmte Stärken und Schwächen, die er für sich nutzbar machen sollte – und dies hat auch Konsequenzen für das Bestellen.

8. Fragen und Antworten zu den Bestellungen

Noch Fragen offen? Hier habe ich dir zum guten Schluss die wichtigsten Fragen zum Wünschen aufgeführt, die mich in den letzten Jahren erreicht haben.

Dann können wir jetzt bei der Beschreibung beginnen, was eine Bestellung beim Universum eigentlich ist. Ich hoffe sehr, du lernst dich beim Lesen selbst ein wenig besser kennen und intensivierst dadurch auch deine Verbindung zum Universum immer mehr. Also los!

PS: Übrigens sind zum einfacheren Arbeiten mit diesem Buch alle Stärken und Schwächen der Zahlen und Sterne in den ausklappbaren Seiten des Buchdeckels abgedruckt.

Kapitel 1

Was ist eine Bestellung beim Universum überhaupt?

Für alle, die das Bestellen noch nicht oder nur wenig kennen, möchte ich es dir hier zunächst kurz beschreiben. Viele werden das erste Buch »Bestellungen beim Universum« sicherlich bereits kennen, aber manchmal ist es auch gut, noch einmal in die Grundlagen hineinzuschauen, nach dem Motto: »Man steigt nie zwei Mal in denselben Fluss.« Sowohl der Fluss wie auch wir selbst haben uns im Laufe der Zeit bestimmt verändert, und so lesen und verstehen wir eine scheinbar altbekannte Tatsache vielleicht plötzlich völlig anders und aufs Neue.

Bereits jetzt kannst du einen kleinen Einblick in ein Thema dieses Buches bekommen, indem wir uns schon hier fragen: Wie würden die neun Bestelltypen der unterschiedlichen Lebenszahlen auf diese ersten Zeilen der Einleitung reagieren? Lies also doch einfach weiter, noch ohne deine Lebenszahl zu kennen, und schau ganz unvoreingenommen, welche Beschreibung am besten auf dich zutreffen würde – dann kannst du im nächsten Kapitel entdecken, ob diese Verhaltensweise tatsächlich zu deiner Lebenszahl passt.

Die Lebenszahl 1 ist voller Tatendrang und darum eher ungestüm. Zu lange Einführungen dauern ihr viel zu lange und ermüden sie. Darum blättert sie gern gleich zum nächsten Kapitel weiter. Es ist eben gar nicht ihr Ding, lange Bedienungsanleitungen zu studieren. Sie ist ein Macher und probiert es lieber selbst aus, statt lange herumzulesen, wie es geht.

Die Lebenszahl 2 ist eher kooperativ und würde diese Einleitung lesen, da sie ja vom Autor empfohlen wurde. Typisch für sie wäre, sie ihrem Freund oder Partner laut vorzulesen, um eine gemeinsame Erfahrung daraus zu machen. Ihr macht alles viel mehr Freude, was als gemeinsame Aktivität unternommen werden kann.

Die Lebenszahl 3 ist mehr von ihrem Gefühl geleitet und wird darum je nach Stimmungslage entscheiden, ob sie an dieser Stelle die Einführung zum Bestellen weiterliest oder zum nächsten Kapitel weiterblättert. Ihre Entscheidung wird also vor allem davon bestimmt sein, ob das Buch und der Autor es schaffen, sie emotional zu erreichen und abzuholen.

Bei der Lebenszahl 4 steht zumeist die erbrachte Leistung im Mittelpunkt. Sie würde darum eher hier weiterlesen, um das Buch wirklich ganz gelesen zu haben, wenn sie schon einmal dabei ist. Hat sie jedoch ihren Schatten der Ungeduld noch nicht ganz gemeistert, wird sie natürlich lieber gleich zum nächsten Kapitel übergehen.

Mit der Lebenszahl 5 verhält es sich ebenso. Hier gibt es ebenfalls zwei Möglichkeiten. Ist die Zahl 5 noch eher jung, dann ist ihr die persönliche Freiheit wichtiger und sie wird tendenziell gleich zum nächsten Kapitel übergehen. Es ist außerdem sehr unwahrscheinlich, dass sie das Buch (wie jedes andere auch) überhaupt zu Ende liest, da ihr in der Zwischenzeit sicherlich ein anderes ihrer vielfältigen Interessen dazwischenkommen wird. Hat die Zahl 5 aber diesen Schatten der Freiheitssucht überwunden, dann hat sie wahrscheinlich die nötige Disziplin entwickelt, sich ganz dem Buch zu widmen.

Dagegen ist es für die **Lebenszahl 6** keine Frage, sie wird dieses Buch richtig lesen, also von vorn bis hinten. Denn sie hat an sich den Anspruch, alles gut und perfekt zu machen – egal, was sie auch tut. Außerdem wird sie sich Notizen machen beim Lesen, die sie später durchsehen kann. Ihr wird kein Detail entgehen, und sie wird dem Verlag nach der Lektüre eine Liste der Schreibfehler zukommen lassen.

Bei der **Lebenszahl 7** wird ihre Entscheidung, weiterzulesen oder zum nächsten Kapitel überzugehen, vor allem davon bestimmt sein, ob sie sich vom Text, dem Inhalt, dem Schriftbild und der gesamten Aufmachung des Buches ästhetisch angesprochen fühlt. Scheinbare Äußerlichkeiten und die Erscheinungsform sind ihr nun einmal sehr wichtig.

Die **Lebenszahl 8** wird sogar überhaupt nur zu diesem Buch gegriffen haben, wenn sie an das Bestellen beim Universum glaubt. Unter ihrer Charakteristik finden sich die stärksten Gegner wie auch die größten Befürworter des Wünschens. Wenn sie aber zu der Sorte dieser Zahl gehört, die dieses Buch interessant findet, wird sie es ganz lesen, denn sie stellt gern sehr grundsätzliche Fragen, denen sie dann in der Tiefe nachgehen möchte.

Auf ganz ähnliche Weise wird sich die **Lebenszahl 9** überhaupt nur mit diesem Buch auseinandersetzen, wenn das Bestellen in ihre Weltsicht passt und es sich ethisch und moralisch damit verträgt. Wenn sie es aber liest und für gut befindet, wird sie seine Inhalte weitertragen und die Welt wissen lassen. Sie wird sie zum festen Bestandteil ihrer Lebensphilosophie machen und beherzigen.

Na, hast du dich bereits ein wenig entdecken können, deine typische Verhaltensweise? Welcher Lebenszahl würde dein Verhalten am meisten entsprechen? Vielleicht entdeckst du außerdem Einstellungen, die gut auf deine Freunde und Bekannten zutreffen würden. Es lohnt sich, zum besseren Verständnis der Lebenszahlen ein wenig über den Tellerrand zu schauen. Rechne darum gern auch für Bekannte und Freunde deren Lebenszahlen aus.

Dann kommen wir nun zu den wichtigsten Regeln des Bestellens beim Universum. Im Laufe der Zeit habe ich festgestellt, dass die nun folgenden Wunschregeln am besten gemerkt und verstanden werden, wenn wir uns einfach einmal vorstellen, das Universum sei unser bester Freund. Der Begriff »Universum« ist manchen viel zu abstrakt und nicht zu greifen, darum geben wir ihm doch für einen Moment lang eine menschliche Gestalt. Denk also einmal kurz an deinen besten Freund, deine beste Freundin. Wer fällt dir dabei spontan ein? Nennen wir das Universum doch während der nächsten Beschreibungen so, wie deine Herzensfreundin oder dein Herzensfreund heißt, also zum Beispiel Petra oder Carlo.

Bestellregel Nummer 1:
Bestellung einfach absenden!

Wie würdest du deinen besten Freund um etwas bitten? Vielleicht brauchst du mal wieder seine Bohrmaschine oder jemanden, der einen Abend lang auf deine halbwüchsigen Kinder achtgibt. Wahrscheinlich rufst du ihn an oder fragst ihn spontan, wenn du ihn das nächste Mal siehst. Ganz ähnlich kannst du auf dein Universum zugehen. Einfach offen, ohne Vorbehalte und vor allem in einer freundschaftlichen Art. Das Universum und du, ihr beide seid doch befreundet! Natürlich kannst du es um alles bitten! Bestellungen beim Universum sind genau dasselbe wie Wünsche, die du an Freunde heranträgst. Du siehst es schon allein daran, wie viele deiner Wünsche und der deiner Freunde und Bekannten bisher in Erfüllung gegangen sind. Würde das Universum dir und anderen eure Bestellungen erfüllen, wenn es euch gegenüber feindselig gestimmt wäre? Nein, doch wohl ganz sicher nicht.

Eine der Grundvoraussetzungen dafür, dass Bestellungen beim Universum überhaupt geliefert werden, liegt genau hierin verborgen: Das Universum ist wie ein guter Freund, und darum ist es dir durch und durch wohlgesonnen und auf dich eingestimmt. Der erste Schritt hin zum Bestellen lautet: Tu es einfach! Probiere es aus! Bärbel hat im ersten Buch »Bestellungen beim Universum« erzählt, ihre erste Bestellung nur abgesendet zu haben, um eine davon sehr begeisterte Bekannte endlich loszuwerden. Da die Freundin so sehr drängte, wünschte sich Bärbel mehr aus Verzweiflung einen neuen Partner – und er wurde tatsächlich geliefert. Darum, frisch ans Werk, knips den inneren Schalter an, der deine Verbindung zum Universum herstellt. Jeder von uns hat seinen ganz persönlichen Draht nach oben! Also, nutzen wir ihn doch. Genau dazu ist er schließlich da!

Bestellregel Nummer 2:
Du bist es wert!

So einfach der erste Schritt des Bestellens vielleicht aussieht, in der Praxis gestaltet sich das Wünschen dann doch etwas komplizierter. Es kommen dabei anfänglich Gedanken auf wie: »Das funktioniert doch sicher bei allen, nur bei mir nicht! Bei mir geht das sicherlich schief! Ich mache es bestimmt falsch. Ganz sicher ist ein Haken an der ganzen Sache.« So oder ähnlich hast du bestimmt schon einmal in Bezug auf das Bestellen gedacht. Und, ganz ehrlich, natürlich sind mir solche Gedanken selbst nicht ganz fremd.

Jeder von uns kennt dieses Gefühl, falsch und nicht gut genug zu sein. Darum ist es für jeden von uns eine Lebensaufgabe, den eigenen Selbstwert und die Liebe zu uns selbst zu entwickeln. Und genau darum habe ich wohl auch dieses Buch geschrieben, um unsere Schwächen immer mehr in Stärken zu verwandeln. Dies geht übrigens weit über das Bestellen beim Universum hinaus. Ein gesunder Selbstwert ist die vielleicht wichtigste Voraussetzung für so gut wie alles in unserem Leben. Wie sonst würde es dir gelingen, eine gute und anspruchsvolle Ausbildung zu absolvieren, um nachher eine dich erfüllende Tätigkeit ausüben zu können? Wie, wenn nicht durch ein gerüttelt Maß an Selbstliebe, wärst du dazu in der Lage, einen dich liebenden Partner zu finden und eine dauerhafte Beziehung mit ihm zu führen? Wie sonst könntest du deine Kinder zu selbstständigen und selbstbewussten Menschen erziehen? Sie orientieren sich doch immer zuerst an deinem Vorbild …

Bärbel schrieb darum schon im ersten Buch: »Selbstliebe ist die Grundvoraussetzung für erfolgreiche Bestellungen beim Universum!« Und ich möchte hinzufügen, Selbstliebe ist sogar noch mehr, sie ist die Basis für ein erfülltes und glückliches Leben. Durch Selbstliebe erlangen wir das Gefühl innerer Fülle, und dieses Erfülltsein bewirkt dann alles weitere persönliche Glück wie auch einen starken und gut funktionierenden Draht nach oben. Und – vielleicht – bedingt das eine das andere, und beide sind gar nicht voneinander zu trennen.

Bestellregel Nummer 3:
Gefühle sind die geheime Zutat im Zaubertrank!
Aus Regel Nummer 2 ergibt sich folgerichtig gleich die nächste: Ganz allgemein sind die Gefühle, die wir im Moment der Bestellung in uns tragen, sehr entscheidend für ihren Erfolg. Im neuen Jahrtausend, das ich gern als »Gefühlszeitalter« umschreibe, wird uns dies immer mehr bewusst. Ja, es stimmt, anfangs waren die Bestellungen eher eine Sache, die mit positivem Denken in Zusammenhang gebracht wurde. Gedanken sind aber nur die eine Facette unserer inneren Wirklichkeit, Gefühle spielen hier eine vielleicht noch größere Rolle. Das Universum kommuniziert mit uns über unsere inneren Bilder, die durch Gedanken wie auch durch Gefühle bestimmt und hervorgerufen

werden. Neale Donald Walsch, der durch seine »Gespräche mit Gott« Weltruhm erlangt hat, vergleicht deshalb das Universum mit einem handelsüblichen Kopierer. Es nimmt seiner Meinung nach auf, was in unserem Inneren vorhanden ist, und kopiert es dann in unsere Zukunft. Denn es denkt, wir wollen noch mehr davon.

Wieder möchte ich an dieser Stelle darauf hinweisen: Ich sehe das Universum eher als einen guten Freund. Er möchte uns helfen und denkt, dass wir uns über diesen geheimen Mechanismus bewusst sind, der uns immerzu mit dem Universum verbindet. Wieder ist Selbstliebe hier eine wesentliche Größe. Denn wenn wir uns selbst lieben, achten wir besser auf unsere Gefühle und sorgen dafür, dass es uns gut geht und wir in einem angenehmen Gefühl leben.

Bestellregel Nummer 4:
Wer schreibt, der bleibt!
Nach diesen eher allgemeinen Grundsätzen werden wir nun etwas praktischer. Wie bestellen wir ganz genau, im Detail? Es hat sich bewährt, den Wunsch auf jeden Fall aufzuschreiben. Zum einen, um eine Dokumentation für unsere Bestellung zu haben, die uns daran erinnert, wenn die Lieferung eintrifft. Oft haben wir nämlich schon ganz vergessen, dass wir vor Wochen oder sogar Monaten den Wunsch abgesendet haben. Zum anderen ermöglicht das Aufschreiben es uns darüber hinaus, den Wunsch noch einmal genauer anzuschauen. Denn wir sollten dabei tunlichst auf Formulierungen verzichten, die »kein« oder »nicht« beinhalten. Das erklärt sich von selbst, wenn wir uns an Regel 3 erinnern.

Wenn ich in ein Lokal gehe und mir ein Essen bestelle, was bekomme ich dann, wenn ich sage: »Ich möchte bitte keine Suppe und keinen Salat!«? Natürlich weiß der Kellner dann nicht, was ich wirklich essen möchte, und bleibt ebenso hilflos wie untätig. Darüber hinaus versteht das Universum solche Verneinungen nicht, da es über die inneren Bilder mit uns in Verbindung steht. Wenn ich keine Suppe möchte, dann ist dies nur über das innere Bild von Suppe möglich. Ganz ähnlich wie bei der Aufforderung, nicht an einen rosa Elefanten zu denken. Denn auch dabei muss ich ja andauend an diesen rosa Elefanten denken, nur um mich zu erinnern, es nicht zu tun. Die Erfahrung lehrt uns darum, dass wir manchmal genau das bekommen, was wir doch ausdrücklich nicht wollen. Ablehnung ist eine unbewusste Anziehungskraft.

Bestellregel Nummer 5:
Den richtigen Moment abpassen
Nachdem wir nun das Wie ein wenig geklärt haben, kommen wir zum ebenso wichtigen Wann. Wie wir bereits wissen, eignen sich die Momente für das Bestellen besonders gut, in denen wir uns wohlfühlen. Zum einen können wir ganz bewusst solche Augenblicke herbeiführen, indem wir vor dem Wünschen schöne Musik auflegen, uns ein nettes Essen kochen oder ein Bad nehmen. Genauso gut können wir uns aber auch in schönen Momenten an das Bestellen erinnern und diesen Augenblick nutzen, zum Beispiel während einer Urlaubsreise beim Sonnenuntergang am Meer, während einer schönen Feier oder bei der nächsten Gehaltserhöhung.

Auf jeden Fall hat es sich bewährt, die Bestellung in einer Form von Ritual abzusenden, bei der du den Fokus für einen Moment ganz auf das Universum richtest. Du kannst dabei eine Kerze anzünden, kurz meditieren oder in dein Herz gehen. Konzentriere deine Aufmerksamkeit einen Atemzug lang ganz auf deinen Wunsch und schick ihn los in den Himmel.

PS: Da es in diesem Buch ja um die Verbindung von den Bestellungen mit den Zahlen und Sternen geht, sei der Hinweis erlaubt, dass gute Termine für Wünsche allgemein immer der Neumond und besonders immer der jeweilige erste Neumond im Sternzeichen Widder sind. Dieser Termin liegt immer irgendwo um Ostern herum.

Bestellregel Nummer 6:
Immer locker bleiben!

Wie immer gibt es beim Bestellen dann noch die Spezialisten, die es besonders gut und richtig machen wollen. Diese Kandidaten zünden statt einer Kerze gleich 20 an, meditieren zwei Stunden statt nur 5 Minuten und wollen das Universum vielleicht auf diese Weise irgendwie bestechen. Nach dem Motto: »Ich hab es doch besonders toll gemacht und verdiene jetzt sicherlich ein Fleißkärtchen wie in der Schule!«

Dies hat aber zumeist einen eher gegenteiligen Effekt auf den Bestellerfolg. Denken wir uns das Universum nochmals als unseren besten Freund, wie würde er auf solche Eskapaden reagieren? Wenn du deiner Frau drei Wochen lang ständig Blumen mit nach Hause bringst, was würde sie dann denken? Wahrscheinlich irritiert sie das schon bald und sie wird denken, du fühlst dich schuldig. Gehst du etwa fremd?

Genauso spürt das Universum das, was hinter dieser ganzen Veranstaltung steckt, und fühlt dein Gefühl im Moment der Bestellung. Wie sieht es denn mit der Selbstliebe eines solchen Menschen aus? Wohl eher nicht so rosig. Denn zumeist denkt jemand, der meint, immer perfekt und vollkommen sein zu müssen, im Gegenteil wohl eher schlecht von sich selbst. Darum der ganze Wirbel.

Außerdem ist jemand, der alles richtig machen will, sicher mehr im Kopf als im Gefühl und kann diesen wichtigen Motor für das Wünschen darum gar nicht wirklich nutzen.

Das Universum ist nicht bestechlich, und das ist doch ganz richtig so. Bleib darum lieber locker, vertraue auf deine freundschaftlichen Bande nach oben und bestell einfach so, wie es sich für dich und dein Gefühl richtig anfühlt.

Bestellregel Nummer 7:
Die Sache mit dem Lieferboten
Wir haben nun also unseren Wunsch in die Hände des Universums gegeben und warten gespannt und voller Vorfreude auf die Zustellung. Dabei hat es sich bestens bewährt, in der Zeit nach dem Absenden der Bestellung auf Hinweise zu achten, die uns über unsere Intuition eingegeben werden. Das Universum nutzt bekanntlich gern unerwartete Wege zur Lieferung unseres Wunsches, auf die wir selbst beim besten Willen niemals kommen würden. Also, mach dir einen Spaß daraus und lausche hin und wieder deiner inneren Stimme, und sei ihre Nachricht auf den ersten Blick auch noch so abstrus. Es könnte nämlich sein, dass dein Kollege Teil der Lieferung werden könnte, wenn du einfach mal mit ihm über deinen Wunsch sprichst.

Genauso gut könnte ein alter Freund, der dauernd in deinem Kopf herumspukt und den du schon lange wieder anrufen wolltest, zum Erfüllungsgehilfen für die Zusendung werden. Gib deiner Intuition ein wenig mehr nach und gib ihr eine Chance. So manche Lieferung konnte vom Himmel nicht an den Adressaten gebracht werden, weil dieser einfach immer in die eine und immer in die falsche Richtung geschaut hat. Darum: Tu etwas anderes, folge mehr deinem Gefühl!

Bestellregel Nummer 8:
Es ist der Glaube, der Berge versetzt
Ein wenig ist es mit dem Bestellen wie mit einem Perpetuum mobile. So bezeichnet man eine Maschine, die scheinbar wie von selbst läuft, ohne von außen mit Energie versorgt zu werden. Wenn wir uns so einen Apparat anschauen würden, der frisch zusammengebaut wurde, dann steht er zunächst einfach so da und bewegt sich überhaupt nicht. Wir müssen ihn anwerfen, ihn mit einer Art Aktivierungsenergie versehen, damit seine Räder sich drehen.

Das Bestellen beim Universum können wir ganz ähnlich betrachten, denn unser Verstand kann ebenso wenig glauben, dass es funktioniert. Von einem rein theoretischen Standpunkt aus wird es uns vielleicht immer ein Rätsel bleiben, da das himmlische Räderwerk dahinter für uns wahrscheinlich immer unsichtbar bleiben wird. Wenn wir diese Idee aber mit Energie versorgen, einfach indem wir ihr eine Chance geben und es einfach tun, dann werden wir uns nach dem Prinzip »Trial & Error« (Versuch und Fehler) immer näher an seine Wirkungsweise herantasten. Denn wir wechseln so von der Theorie in die Praxis und vom Denken ins Tun. Und plötzlich erleben wir, dass die Bestellungen tatsächlich geliefert werden.

Wir glauben, was wir erleben und erfahren. Das vielleicht Wichtigste beim Bestellen ist, und hier wiederholt sich Regel Nummer 1 auf höherer Ebene, dass wir es schlicht und ergreifend einmal ausprobieren. Nur indem wir handeln, kommen wir einen Schritt weiter. Und nur indem wir einer Idee eine Chance geben, probieren wir sie tatsächlich aus und prüfen sie auf Herz und Nieren. Ja, ich stimme da jedem Skeptiker zu, das Bestellen beim Universum liegt in seiner Funktionsweise weit außerhalb von dem, was unser Verstand uns erklären kann. Aber es funktioniert trotzdem. Eine Hummel kann aufgrund ihres Gewichts laut wissenschaftlicher Meinung ja auch nicht fliegen. Aber sie tut es doch – und das seit Jahrmillionen.

Bestellregel Nummer 9:
Erstens kommt es anders, zweitens als man denkt!

Die häufigsten Bestellungen bei Frauen drehen sich um ihren zukünftigen Traummann und die beliebtesten Wünsche der Männer um ihren baldigen Vorstandsposten. Das ist zwar eine Art Running Gag auf meinen Seminaren, trägt aber doch ein Körnchen Wahrheit in sich. Egal, ob wir nun Traumpartner oder Traumjob betrachten, das Bestellen und seine Lieferungen kommen hier immer an ihre natürliche Grenze. Denn Träume sind nicht von dieser Welt und suchen nach einem Ideal, dass auf dieser Erde in dieser perfekten Form eher unerfüllt bleiben muss.

Wir neigen als Menschen dazu, in unseren Vorstellungen zu schwelgen, und sind darum leider oft nicht davor gefeit, diese auf unsere Bestellungen zu übertragen. Wenn dann solche idealen und perfekten Partner oder Jobs nicht geliefert werden, dann hat dies aber weniger mit dem scheinbar so bösen Universum zu tun, als vielmehr ganz schlicht mit der Unerfüllbarkeit solcher Wünsche. Wenn wir mal sehr ehrlich zu uns selbst sind, dann kennen wir doch all unsere Macken, Fehler, Schwächen und Unzulänglichkeiten nur zu gut. Jeder von uns ist weit davon entfernt, sich selbst als vollkommen und makellos anzusehen. Wie um alles in der Welt soll es dem Universum dann gelingen, uns vollkommene Partner oder Jobs zu bescheren? Um es mit Franz Beckenbauer zu sagen: »Ja, ist denn heut schon Weihnachten?«

Das kann jetzt sicher gern falsch verstanden werden, ich meine damit natürlich nicht, alle Hoffnung auf ein besseres und glücklicheres Leben fahren zu lassen. Natürlich funktionieren die Bestellungen, aber nur im Rahmen der vom Universum selbst gesetzten Möglichkeiten. Ja, möchte ich dir an dieser Stelle laut zurufen, wünsch dir was! Sei realistisch, erwarte Wunder! Aber erwarte bitte nicht, dass alles dann auch genauso kommt, wie du es dir in Perfektion vorstellst.

Unsere Welt bewegt sich in der ständigen Dualität von Licht und Schatten, und dieses Prinzip lässt sich beim Bestellen nicht umgehen. Bärbel beschrieb im ersten Buch »Bestellungen beim Universum«, wie sie ihren »9-Punkte-Traumpartner« bestellte und alles erfüllt wurde. Leider hatte dieser Mann wie alle folgenden »Zusatzüberraschungslieferungen« mit im Boot, die sich im Umgang als sehr schwierig erwiesen. In diesem Sinne bitte ich dich, dem Universum wie deinem besten Freund ein Stück weit zu vertrauen. Es tut sein Bestes und liefert, so gut es kann.

Idealistische Träume und Vorstellungen jedoch kann uns selbst der Himmel nicht erfüllen. Leider und zum Glück. Später kommen wir noch einmal ausführlicher auf dieses Thema zurück.

*

Dies soll als erste Einstimmung in die Welt der Bestellungen beim Universum genügen. Vielleicht ist es dir aufgefallen, aber ich habe durchaus mit Absicht diesmal 9 wichtige Bestellregeln formuliert. Warum? Eingangs dieses Kapitels gab ich dir ein Beispiel, wie die 9 Lebenszahlen typischerweise auf diese Form der Einleitung reagieren würden. Kann es darum nun ein Zufall sein, wenn ich eben diese Anzahl von Regeln hier verwende? Natürlich nicht! Auch in dieser Auflistung der Bestellregeln habe ich eine weitere Charakterisierung der Zahlen versteckt, ich kleiner Schlingel, und du hast es wahrscheinlich noch gar nicht bemerkt! Darum hier also zum Abschluss, als kleine Wiederholung wie auch als Möglichkeit, die Lebenszahlen noch einmal anders kennenzulernen, eine Übersicht über die 9 Wunschregeln:

Die neun Bestellregeln und ihr Zusammenhang mit den Lebenszahlen 1-9:

Bestellregel 1:
Bestellung einfach absenden!
Knips deinen Schalter zum Universum an, geh in deine Energie! Tu es einfach, probiere das Bestellen aus! (Die Lebenszahl 1 ist voll von überströmender Energie, die sie erfahren und immer wieder testen möchte.)

Bestellregel 2:
Du bist es wert!
Bestellungen gelingen am besten bei Menschen, die sich selbst lieben und wertschätzen. (Die Lebenszahl 2 gibt sich gern für andere auf, überfordert sich und muss lernen, zuerst gut auf sich selbst achtzugeben und sich selbst zu lieben.)

Bestellregel 3:
Gefühle sind die geheime Zutat im Zaubertrank!
Ebenso wichtig wie das positive Denken sind die Gefühle im Moment der Bestellung. (Die Lebenszahl 3 soll lernen, mehr auf ihre Gefühle zu achten und sie auszudrücken.)

Bestellregel 4:
Wer schreibt, der bleibt!
Eine Wunschliste schafft Klarheit über die Bestellung und macht sie verfolgbar. (Die Lebenszahl 4 will etwas auf dieser Welt bewirken und scheut keine Mühen, etwas praktisch umzusetzen.)

Bestellregel 5:

Den richtigen Moment abpassen

Es hilft, beim Bestellen einen guten Moment abzupassen oder herbeizuführen. (Die Lebenszahl 5 strebt nach übergroßer Freiheit und ist hier, um angemessen Disziplin zu lernen, die auch dabei hilft, den passenden Moment zu finden.)

Bestellregel 6:

Immer locker bleiben!

Es wirkt hinderlich, beim Wünschen immer alles richtig und genau machen zu wollen. (Die Lebenszahl 6 ist versessen aufs Detail und hat eine große Perfektionssucht.)

Bestellregel 7:

Die Sache mit dem Lieferboten

Um die Lieferung annehmen zu können, steht uns die Intuition zur Seite. (Die Lebenszahl 7 verfügt über große Sensibilität und Feingefühl.)

Bestellregel 8:

Es ist der Glaube, der Berge versetzt!

Bestellungen gelingen umso besser, je mehr wir an sie glauben können. (Die Lebenszahl 8 verfügt wie keine zweite über die Gabe von Charisma und Glaubenskraft.)

Bestellregel 9:

Erstens kommt es anders, zweitens als man denkt!

Manchmal sind unsere Vorstellungen zu idealistisch und können darum nicht erfüllt werden. (Die Lebenszahl 9 strebt nach ständiger Vervollkommnung und will uns zum idealen Vorbild für andere machen.)

Kapitel 2

So berechnest du deine Lebenszahl

Im letzten Kapitel sind wir ja bereits ein wenig auf die Eigenarten der Lebenszahlen eingegangen, und sicher bist du nun schon neugierig geworden, wie deine eigene Lebenszahl ausschaut. Damit du beim Errechnen ein wenig Sicherheit bekommst, gebe ich dir hier gleich ein paar Beispiele von Prominenten zum Üben.

Beginnen wir mit dem Geburtsdatum 23.12.1918. Hier wurde Helmut Schmidt geboren, der viele Jahre lang unser Bundeskanzler war. Um seine Lebenszahl daraus zu berechnen, bilden wir die Quersumme aller Zahlen des Geburtsdatums. Dazu nehmen wir daraus jede einzelne einstellige Zahl und addieren sie in der Form: $23.12.1918 = 2 + 3 + 1 + 2 + 1 + 9 + 1 + 8 = 27$. Bitte beachte, das Jahrtausend und Jahrhundert mitzunehmen, oft werden die Geburtsdaten ja in der Kurzform 23.12.18 dargestellt. Bitte rechne die 19 des Geburtsjahres 1918 mit dazu.

Als Quersumme aller Zahlen des Geburtsdatums von Altbundeskanzler Helmut Schmidt erhalten wir also die 27. Nun addieren wir diese zweistellige Zahl noch einmal, um dann ein einstelliges Ergebnis zu erhalten. Also: Aus der 27 wird 9 (2 + 7 = 9).

Die 9 ist die eigentliche Lebenszahl. Die errechnete 27 nennt man die Quersumme der Lebenszahl. Sie enthält ebenfalls wichtige Informationen und wird mit aufgeschrieben. Die vollständige Lebenszahl von Helmut Schmidt lautet also (27/9). Das war bereits alles, was du zur Berechnung wissen musst.

Noch ein Beispiel gefällig? Ein weiterer Prominenter hat am 14.1.1875 Geburtstag, probiere doch bitte einmal selbst, schon jetzt die Lebenszahl dieses Prominenten allein auszurechnen. Wie ging das noch einmal? Zuerst bilden wir die Quersumme aller einzelnen Zahlen dieses Datums und nehmen auch das Jahrtausend und das Jahrhundert mit dazu. Es ergibt sich die Rechnung: 1 + 4 + 1 + 1 + 8 + 7 + 5 = 27. Wie eben bei Helmut Schmidt errechnen wir wieder die Quersumme dieser Zahl und es ergibt sich 2 + 7 = 9. Die Lebenszahl ist also erneut die (27/9). Hinter dem Datum verbirgt sich im Übrigen der Mediziner Albert Schweitzer, der für seine Arbeit mit dem Friedensnobelpreis ausgezeichnet worden ist.

Beide Beispiele ergeben also für beide Prominente die gleiche Lebenszahl (27/9). Um schon ein wenig ins nächste Kapitel vorauszublicken, in dem es um die Bedeutung der einzelnen Lebenszahlen für den Charakter einer Person gehen wird, überlege dir doch schon einmal, was Helmut Schmidt und Albert Schweitzer gemeinsam haben. Was macht die Lebenszahl (27/9) aus? Nimm dazu gern ein Lexikon oder das Internet für deine Suche zu Hilfe.

Wenn dir das zu viel ist ... Die Antwort lautet, beide Personen haben hohe ethische und moralische Grundsätze, nach denen sie leben und an denen sie sich ausrichten. Das Ziel der Zahl 9 ist es, diese Grundsätze als Vorbild für andere zu leben. Helmut Schmidt ist das Paradebeispiel eines *Elder Statesman*, dessen Meinung noch weit nach seinem Ausscheiden aus dem politischen Leben gesucht und gefragt war. Er wurde damit zum Vorbild für viele Politiker, die sich an ihm orientierten. Ebenso richtete Albert Schweitzer sein Leben nach hohen ethischen Gesichtspunkten aus und ging als Arzt nach Afrika, um dort zu wirken. Auch er wurde damit zum Vorbild für viele, die ihm in dieser Richtung nachfolgten.

Nun gebe ich dir zum Üben vier weitere Geburtsdaten, für die du bitte einmal ganz allein die Lebenszahlen ausrechnest. Nimm dir bitte etwas Zeit, einen Stift und ein Blatt Papier und unterbrich das Lesen für einen Moment zum Berechnen. Es sind dies die Daten:

1: 15.2.1564
2: 14.3.1879
3: 15.4.1452
4: 4.1.1643

Hast du die Lebenszahlen erhalten? Dann kommt jetzt die Auflösung: Es handelt sich dabei um:

1: Galileo Galilei, Lebenszahl (24/6)
2: Albert Einstein, Lebenszahl (33/6)
3: Leonardo da Vinci, Lebenszahl (22/4)
4: Sir Isaac Newton, Lebenszahl (19/10).

Nutzen wir die Gelegenheit und werten diese Lebenszahlen einen Augenblick lang aus. Wie gesagt, im nächsten
Kapitel stelle ich dir alle Lebenszahlen etwas ausführlicher
dar. Alle vier Beispiele sind Personen, die berühmte Wissenschaftler waren, vielleicht könnte man sogar sagen, sie
waren vier der berühmtesten Wissenschaftler überhaupt.
Was machte ihren so großen Erfolg und ihre Wirkung aus?

Albert Einstein und Galileo Galilei haben beide dieselbe
Lebenszahl, die 6. Beiden gemeinsam ist das strukturierte,
geordnete Arbeiten, gepaart mit der Fähigkeit, detailversessen und diszipliniert zu sein. Eben dies sind Eigenschaften der Lebenszahl 6.

Leonardo da Vinci wird wohl zu Recht als das größte
Universalgenie aller Zeiten angesehen, sein Lebenswerk
ist schier unbeschreiblich groß und besticht vor allem
durch seine Vielfalt, war er doch in gleichem Maße Bild-
hauer, Maler, Architekt und Erfinder zugleich. Dieses
überlebensgroße Werk zeichnet aber gerade die Lebenszahl 4 aus.

Als vierten im Bunde habe ich Sir Isaac Newton aus-
gewählt, der die Wissenschaft lange Jahre durch sein so-
genanntes Newtonsches Weltbild prägte. In ihm gibt er
genaue Angaben über die Wirkungsweise der Gravitation
und der Planetenbewegungen. Er ist vor allem durch die
Zahl 1 geprägt, die ihn erfinderisch, kreativ und begeisterungsfähig gemacht hat.

Bei Newton hast du vielleicht kurz gestutzt, denn hier
ergibt sich beim zweiten Summieren zur Quersumme
wieder eine zweistellige Zahl, nämlich die 10. Hier wird
die Zahl 10 als Ausnahme nicht weiter zur Zahl 1 zusam-
mengezählt, die Wirkung der 1 verstärkt sich durch die

Zahl 0 dahinter sogar noch. Im nächsten Kapitel sage ich zu diesen Sonderfällen noch ein wenig mehr. Es gibt noch eine weitere dieser Ausnahmen, die Zahl 11 bleibt ebenfalls als doppelte 1 stehen, hier wirkt die 1 wieder besonders stark.

Nun solltest du in der Lage sein, deine eigene Lebenszahl auszurechnen. Bilde einfach so wie eben die Quersumme aller Zahlen deines Geburtsdatums und zähle dann die Quersumme noch einmal zusammen. Merk dir deine Lebenszahl gut und schau doch gleich einmal nach, welche Bedeutung sie hat. Im nächsten Kapitel findest du mehr darüber.

Als Übersicht sei dir verraten, es gibt für Menschen, die im letzten Jahrhundert geboren wurden, folgende mögliche Endziffern als Lebenszahlen: 2, 3, 4, 5, 6, 7, 8, 9, 10, 11 und 12. Die 12 wird, anders als die 10 oder die 11, aber wieder zur 3 summiert.

Um ein Gefühl für die Lebenszahlen zu bekommen, rechne doch einmal die kleinste und die größte mögliche Zahl aus, die sich als Quersumme im letzten Jahrhundert ergibt. Was könnte die kleinste Zahl sein? Richtig, der erste Januar 1900 ergibt die Lebenszahl (12/3). Und in welchem Datum kommen wohl die meisten 9er vor? Dies ist der 29.9.1999 und damit die Lebenszahl (48/12/3). Zwischen diesen Lebenszahlen (12/3) und (48/12/3) können alle möglichen Lebenszahlen vorkommen. Natürlich sind die Extreme sehr selten, am häufigsten finden sich Lebenszahlen um den Mittelwert aus 12 und 48, also um die 30 (12 + 48 = 60, geteilt durch 2 sind 30). Wenn du also nun anfängst, die Zahlen von Freunden und Bekannten zu errechnen, dann wundere dich nicht, wenn besonders oft

die Zahlen 27, 28, 29, 30, 31, 32 und 33 dabei heraus-
kommen als Quersumme.

Das gilt jedoch nur für die Menschen, die im letzten
Jahrhundert geboren wurden. Wie sieht es nun mit den
Geburtsdaten im neuen Jahrtausend aus? Aktuell ist, ähnlich
wie schon im letzten Jahrhundert, die kleinste Quersumme
aller Geburtsdaten am 1. Januar 2000 zu erwarten, was
die Lebenszahl (4) ergibt. Die Quersumme ist somit bereits
einstellig und es kann hier keine weitere Addition vorgenommen werden.

Im aktuellen Jahrhundert ist dann die höchste mögliche
Quersumme am 29. September 2099 möglich, was sich
zur Lebenszahl (40/4) summiert. Die kleinste Lebenszahl
im aktuellen Jahrhundert ist also die (4), die größte die
(40/4). Dazwischen sind wieder alle möglichen Kombinationen anzutreffen.

Ich hoffe, die kleine Rechnerei hat dir ein wenig Freude
gemacht und ein Gefühl für diese Art der Betrachtung gegeben. Nun kommen wir zur Bedeutung der einzelnen Lebenszahlen. Im nächsten Kapitel stelle ich dir alle Lebenszahlen im Einzelnen näher vor.

Kapitel 3

Die Bedeutung deiner Lebenszahl

Bevor wir damit beginnen, uns den Inhalten der Lebenszahlen zu widmen, habe ich eine kleine Bitte an dich. Viele Menschen, denen ich den Inhalt der Zahlen vermitteln möchte, winken etwas vorschnell direkt ab und sagen, keinen blassen Schimmer von Mathematik zu haben. Sie werfen darum die Flinte sofort ins Korn. Das finde ich sehr schade.

Wenn du mit den Lebenszahlen arbeitest, bitte ich dich um einen etwas anderen Blick auf die Dinge, als wir ihn normalerweise haben. Schenke mir darum ein wenig Wohlwollen und auch Geduld. Ja, um die Lebenszahl zu bestimmen, benötigt man die Quersumme der einzelnen Zahlen deines Geburtsdatums. Es braucht ein bisschen Rechnerei. Dazu darfst du gern deinen Taschenrechner hinzunehmen oder jemanden fragen, der dir dabei hilft. Alles ist erlaubt und du musst nun sicher kein Genie in Mathematik werden. Eher ganz im Gegenteil.

Eine kleine Analogie zum Einstieg

Die etwas andere Sicht auf die Dinge, die ich dir vorgeschlagen habe, hat tatsächlich nur wenig mit Mathematik zu tun. Sieh es ein wenig wie ein Spiel. Nimm dir einfach neun gleiche Dinge, das können Knöpfe, Gummibärchen oder Flaschenkorken sein, es sollte auf jeden Fall etwas Kleines sein, das du leicht handhaben kannst.

Diese Dinge sind alle genau gleich, was Form, Farbe und Aussehen betrifft. Nun beginne, diese 9 kleinen Dinge anzuordnen. Welche Möglichkeiten entdeckst du dabei? In der einfachsten Form liegen die neun Dinge einfach in einer Reihe hintereinander. Obwohl sie alle gleich sind, unterscheiden sie sich voneinander. Nun ragen drei der neun Objekte heraus: Eines von ihnen steht an der Spitze, eines bildet den Abschluss und eines steht genau in der Mitte. Die Zahlen 1 und 9 sowie die 5 in der Mitte bekommen damit eine besondere Bedeutung:

Das Objekt ganz vorn ist bestimmend, es hat die Führung und geht nach vorn. Damit haben wir bereits die wichtigsten Eigenschaften der Lebenszahl 1 beschrieben. Eine Lebenszahl 1 ist oft ganz vorn zu finden oder bemüht sich zumindest sehr darum.

Das Ding ganz am Ende bildet den Abschluss, hat alle anderen in der Reihe vor sich, kennt sie darum in ihrem Verhalten und hat den großen Überblick. Die Zahl 9 als neuntes Objekt kann auf diese Weise schon recht gut charakterisiert werden. Bei der Zahl 9 geht es um Weltanschauung, Sinnfindung und darum, das Leben einem höheren Ziel zu widmen. Eben hatten wir dazu Helmut Schmidt und Albert Schweitzer als Beispiele.

Die Mitte wird durch das fünfte Element dieser Gruppe dargestellt, sozusagen die »Quintessenz«, was aus dem Lateinischen stammt und übersetzt »das fünfte Seiende« bedeutet. Heute wird es im Sprachgebrauch im Sinne von »das Wesentlichste« verwendet. Hier sind das Zentrum und die Mitte dieser Gruppe zu finden, sozusagen ihr Dreh- und Angelpunkt. Darum geht es auch bei der Bedeutung der Lebenszahl 5: in die eigene Mitte oder – in anderen Worten – zu sich selbst zu finden. Die Zahl 5 wird in ihrer zentralen Bedeutung darum dem Menschen und seiner Suche nach sich selbst zugeordnet. Logischerweise findet sie ihre Entsprechung in der Sonne, die das Zentrum unseres Planetensystems bildet, da sie, wie wir nachher bei der Betrachtung der Sternzeichen noch sehen werden, dem Löwen und seinem Planeten, der Sonne, zugeordnet ist.

Ich hoffe, dir durch diese kleine Analogie eine nette Eselsbrücke geschaffen zu haben, um nun bereits drei der neun Zahlen ein wenig besser kennenlernen zu können. Wenn du dich mit den Bedeutungen der Zahlen näher beschäftigen möchtest, dann frage dich doch einfach manchmal, wo sie in der sichtbaren Welt vorkommen. Bei der Zahl 4 fallen dir sicher die 4 Himmelsrichtungen ein und die vier Ecken eines Zimmers. Die Zahl 4 hat darum ganz viel mit unserer Welt, die uns umgibt, zu tun, und will auf dieser Erde tatsächlich etwas Sichtbares vollbringen. Die Zahl 7 hat stattdessen etwas Märchenhaftes und ist nicht von dieser Welt. Wir denken bei ihr schnell an die sieben Zwerge hinter den sieben Bergen. Die Lebenszahl 7 hat darum ganz viel damit zu tun, intuitiven Zugang zu dieser nicht sichtbaren Ebene unseres Lebens bekommen zu können. Die Zahl 6 schließlich erinnert an die Geometrie einer Bienenwabe und damit an den Honig darin und seine goldene Süße. Was ist das Süßeste in unserem Leben? Das ist die Liebe, und darum hat die Lebenszahl 6 besonders viel mit Annahme, Vergebung und Liebe zu tun, in deren Richtung sie sich entwickeln möchte.

Wieder kannst du dir nun drei weitere Zahlen hoffentlich recht einfach merken, es sind dies die 4, die 7 und die 6. Fehlen also nur noch drei der 9 Zahlen, und was ist eine gute Methode, sich die noch fehlenden Ziffern 2, 3 und 8 zu merken?

Was fällt dir ein, wenn du an eine 2 denkst? Vielleicht Paare, die Ehe und Beziehungen? Vielleicht denkst du auch an die Dualität schlechthin, an das Yin und das Yang, in dem wir leben und das sich ständig abwechselt. Dieses »Ich und Du« ist genau das Thema der Lebenszahl 2, die sich gern sozial engagiert und für andere da ist.

Bei der Zahl 3 denken wir nun einen Schritt weiter und überlegen uns, was denn so passiert, wenn Yin und Yang zusammenfinden und Mann und Frau eine Familie gründen wollen. Richtig, sie bekommen ein Kind! Aus zwei wird drei, was dem Grundprinzip der Schöpfung entspricht, die sich immer wieder neu erfindet, ausdrückt und aus sich selbst aufs Neue gebiert. Bei der Zahl 3 geht es genau darum, sich und seine Gefühle auszudrücken. Zwei mal drei macht bekanntlich sechs, und die Zahl 6 stand – für was noch mal? Ach so, für die Liebe. Vielleicht sollten wir dann lieber Sex schreiben? Auf jeden Fall geht es hier um die altbekannte Sache mit den Bienchen und den Blümchen, und die Biene und ihre Wabe hatte ich ja eben als Symbol der Zahl 6 schon ins Spiel gebracht.

Bleibt, und das wieder nicht aus Zufall, zu guter Letzt die Zahl 8. Denk an das Sprichwort, »die Ersten werden die Letzten sein«, und du hast schon den Kern der Bedeutung der Zahl 8 erfasst. Hier geht es um das Erste und das Letzte, das Größte und das Kleinste und die zauberhafte Verwandlung des einen zum anderen: Es ist der Frosch, der zum Prinzen werden kann. Die Lebenszahl 8 hat wie keine andere mit den Bestellungen beim Universum zu tun, mit der Macht des Glaubens und der Magie. Die 8 ist die Macht, die Berge versetzen kann. Davor muss sie jedoch, wie keine andere Zahl, lernen, wirklich an sich zu glauben!

Damit sind nun alle neun Lebenszahlen komplett, magst du sie zum Üben und Wiederholen hier einmal kurz rekapitulieren? Also, wie war das gleich noch einmal …

Die 1 steht ganz zu Anfang der Reihe der neun Zahlen. Sie steht damit für das Nach-vorn-Gehen, das Leiten, das Neue und den Neubeginn.

Die **Zahl** 2 steht dahinter, steht auch hinter anderen, setzt sich für andere ein und lebt sehr sozial.

Die **Zahl** 3 macht aus der davor liegenden 2 die 3, indem die zwei ein Paar werden und eine Familie gründen. Das Gebären, das Schöpferische, der Ausdruck stehen darum für die Zahl 3.

Bei der **Zahl** 4 kommt nun als Ergebnis der vorhergehenden schöpferischen 3 das, was beim Schöpfungsakt herauskommt, das sichtbare Werk. Die 4 möchte auf dieser Welt etwas Sichtbares bewirken durch ihre Leistung und ihr Tun.

Die Zahl 5 steht in der Mitte und steht für das Zentrum, das wir in uns finden wollen. Wir entdecken es, indem wir das, was wir sichtbar durch die Zahl 4 erschaffen haben, in immer neuen Erfahrungen begreifen, verarbeiten und verstehen. Die 5 steht damit sinnbildlich für die ständige Suche von uns Menschen nach dem Sinn des Lebens.

Die Zahl 6 finden wir in der Bienenwabe und der Honig hat eine Analogie zur Liebe, die unser Leben versüßen möchte. Bei der 6 geht um die Liebe zu uns und allen anderen – und zu dem, was wir erschaffen haben, auch wenn es fehlerhaft und unvollkommen erscheinen mag.

Bei der Zahl 7 verlassen wir die sichtbare Welt und begeben uns auf eine neue, unsichtbare Ebene. Wenn wir unter der Prägung der Zahl 3 das Fühlen und den Ausdruck von Gefühl lernen sollen, dann ist die Zahl 7 die hohe Schule des Fühlens: die Intuition und das Feingefühl.

Die Zahl 8 beschäftigt sich mit der Kraft der Gedanken und damit mit dem Glauben. Durch die Zahl 8 werden Wunder möglich, auch das Bestellen beim Universum beruht vor allem auf ihren Gaben.

Die Zahl 9 findet sich am Ende der Reihe der neun Zahlen und überblickt alle anderen. Sie ist der höchsten Entwicklung des Menschen zugewandt und strebt nach dem Idealen und Vollkommenen, um ein Vorbild werden zu können.

Deine Lebenszahl und ihre Aufgabe

Nun kommen wir zur Deutung der Lebenszahl. Vielleicht erinnerst du dich, die Lebenszahl besteht aus einer zweistelligen Quersumme und einer meist einstelligen Endziffer, der eigentlichen Lebenszahl. Wenn deine errechnete Zahl zum Beispiel eine (32/5) ist, dann wird die zweistellige Zahl vor dem Querstrich, also hier die 32, als Aufgabe angesehen, die es für diese Persönlichkeit zu lösen gilt. Diese Aufgabe hat damit zu tun, dass jede Lebenszahl sowohl lichtvolle wie auch schattenhafte Aspekte aufweist, und es geht für uns immer darum, diese lichthafte Seite zu entdecken und leben zu können, damit unser Leben leichter und glücklicher werden kann.

Die Deutung der Lebenszahl, die ich hier verwende, stützt sich vor allem auf zwei numerologische Betrachtungsweisen, die ich in neuer Form zusammenführe. Zum einen ist dies das Buch »Die Lebenszahl als Lebensweg« von Dan Milman (s. Literaturhinweis). Milman beschreibt dort sehr ausführlich alle Lebenszahlen und geht dabei vor allem näher auf die verschiedenen Aspekte von Licht und Schatten ein. Die zweite Deutungsgrundlage der Zahlen geht auf das Buch »Das Tiroler Zahlenrad« von Monika Paungger und Thomas Poppe zurück (s. Literaturhinweis). Sie ordnen die Zahlen 0 bis 9 den vier Himmelsrichtungen zu sowie der Mitte oder dem Zentrum als fünfte Größe. Die numerologische Deutung der Zahlen ist hier manchmal sehr verschieden zu der Einschätzung Milmans.

Eine Lebenszahl (und, wie wir später sehen werden, auch jedes Sternzeichen) kann in sehr unterschiedlicher Art und Weise gelebt werden. Je reifer und bewusster wir unsere Veranlagung zu leben verstehen, desto mehr bringen wir unsere ganz besondere Art ins Licht. Im Beispiel der Zahl (32/5) soll die Aufgabe der Zahl 3 wie auch die Zahl 2 lichtvoll gelebt werden, damit als Ergebnis dann die Zahl 5 glücklicher und bewusster gelebt werden kann. Die Aufgabe in diesem speziellen Fall lautet, mehr auf die Gefühle zu hören und sie auszudrücken (Zahl 3) sowie zu lernen, mit sich und anderen in Harmonie zu leben (2), um schließlich durch Disziplin zu innerer Freiheit zu gelangen (5).

Alles, was du zur Arbeit mit deiner Lebenszahl benötigst, sind also die Aufgaben und Ziele, die sich hinter den einzelnen Zahlen deiner Kombination verbergen. Nachfolgend habe ich dir deshalb für alle neun Zahlen sowohl Lebensaufgabe und -ziel als Übersicht zusammengestellt. Bei der Quersumme wirkt dabei die Zahl, die vorn steht, etwas stärker auf die Persönlichkeit ein. In unserem Beispiel der Lebenszahl (32/5) ist dies also die Zahl 3, die kräftiger wirkt als die nachfolgende Zahl 2.

Hier nun die Lebensaufgaben und -ziele aller Lebenszahlen in einer zusammenhängenden Darstellung:

1: Schöpferische Lebensenergie
Aufgabe und Ziel: Die zur Verfügung stehende Lebensenergie bestmöglich zu sammeln und schöpferisch zu nutzen.

2: Harmonische Gemeinschaft
Aufgabe und Ziel: Darauf hinwirken, in Harmonie mit sich und anderen zu leben.

3: Berührende Emotion
Aufgabe und Ziel: Gefühle spüren, ernst nehmen und gegenüber seiner Umwelt berührend ausdrücken.

4: Strebsames Wirken
Aufgabe und Ziel: Langsam und schrittweise voller Geduld große Ziele verwirklichen.

5: Freiheitliches Streben
Aufgabe und Ziel: Diszipliniertes Arbeiten an sich selbst, um innerlich frei zu werden.

6: Analytisches Verstehen
Aufgabe und Ziel: Erkenntnis menschlicher Schwächen bei sich und anderen und lernen, diese zu akzeptieren.

7: Verletzliche Intuition
Aufgabe und Ziel: Trotz aller Verletzlichkeit offen für die Intuition und Eingebungen bleiben.

8: Charismatische Kraft
Aufgabe und Ziel: Entdecken der Schöpferkraft der Gedanken und Einsatz dieser Macht zum Wohle anderer.

9: Lebendige Weisheit
Aufgabe und Ziel: Erlangen von Weisheit und Weitergabe dieser an andere Menschen, Vorbildfunktion.

Als erste Besonderheit kommt nun bei der Lebensaufgabe wie auch beim Lebensziel die Zahl Null hinzu. Die 0 hat, wie in der Mathematik auch, allein für sich keinen Wert, aber verstärkt die Wirkung der Zahl, die vor ihr steht. Sie wirkt sozusagen als eine Art himmlisches Geschenk für die Persönlichkeit, die ihre Lebensaufgabe erfüllt und ihre Lebenszahl zur Reife gebracht hat.

Vor dem Schrägstrich kann die Zahl 0 in der Lebensaufgabe in vier verschiedenen Zahlen vorkommen, und zwar in (10/1), (20/2), (30/3) und (40/4). (Die (10/1) kommt aber erst nach dem Übergang ins neue Jahrtausend nach 1999 vor.) Wie sofort zu sehen ist, dreht sich bei jeder dieser Lebenszahlen alles nur um eine besondere Zahl, die im Mittelpunkt steht. Bei der (10/1) soll die 1 aus sich selbst zur 1 werden, dazu steht keine andere Zahl zur Verfügung und die Aufgabe ist darum für diesen Charakter besonders schwierig. Deshalb wartet als besondere Belohnung auch die Null, als göttliche Gabe und als Geschenk. Die (10/1) wird, wenn sie lichtvoll gelebt wird, noch durchsetzungsfähiger und erfindungsreicher, die (20/2) wirkt noch harmonischer mit anderen zusammen, die (30/3) kann noch ausdrucksstärker sein und die (40/4) wird noch leistungsstärker und verantwortungsvoller.

Außerdem kann die Null noch hinter dem Querstrich in der Lebenszahl selbst vorkommen, und zwar in den Zahlen (19/10), (28/10), (37/10) und (46/10). Wie schon angesprochen, bleibt hier als Ausnahme die doppelte Lebenszahl stehen, ohne sie zur 1 + 0 = 1 zu addieren. Wie oben gilt ebenso, dass die Null in diesem Fall die Lebenszahl 1 mit ihren Gaben noch verstärkt und unterstützt, wenn die Aufgabe erfüllt und die zweistellige Zahl vor dem Schrägstrich mit Licht durchflutet wurde. Solche Lebenszahlen 10 bekommen dann durch die Null besonders viel schöpferische Lebensenergie der 1 geschenkt.

Es gibt nun noch zwei weitere Ausnahmen bei der Addition der Geburtsdaten zur Quersumme, es sind dies zuerst einmal die Lebenszahlen (29/11), (38/11) und (47/11). Hier bleibt ebenfalls diese doppelte Zahl 1 als 11 ausnahmsweise stehen und wird nicht zur 2 addiert (1 + 1 = 2). Dies soll verdeutlichen, dass sich bei dieser Lebenszahl die Energie der 1 verdoppelt, wenn die Gaben der vor dem Schrägstrich stehenden Zahlen und Aufgaben ins Licht gebracht werden.

Diese doppelten Zahlen können beim Zusammenzählen des Geburtsdatums auch vor dem Schrägstrich erscheinen, und zwar als (11/2) (aber erst wieder nach 1999 und nicht vorher), (22/4), (33/6) sowie (44/8). Bei diesen vier Lebenszahlen spricht man von »Meisterzahlen«, da hier die Herausforderungen des betreffenden Lebensweges besonders ausgeprägt sind und die Qualität der bestimmten Zahl (1, 2, 3 oder 4) vor dem Schrägstrich zur Meisterschaft gebracht werden soll. Da diese Zahlen doppelt vorkommen, ist ihre Wirkkraft auf die resultierende Lebenszahl hinter dem Schrägstrich (2, 4, 6 oder 8) besonders ausgeprägt. Meiner Erfahrung nach brauchen diese Zahlen etwas länger für ihre Entwicklung, nach dem Motto: »Viel Feind', viel Ehr.« Dann aber können sie besonders große Fähigkeiten entwickeln.

Schließlich möchte ich noch eine letzte Ausnahme erwähnen, die Zahlen (39/12/3) und (48/12/3). Auch hier kommt beim Zusammenzählen der Quersummen eine zweistellige Zahl vor, und zwar die 12. Hier zähle ich aber wieder die Quersumme zusammen zur letztendlichen Lebenszahl 3 und lasse die 12 nicht stehen. Allgemein werden diese beiden Lebenszahlen mit der 12 als Quersumme Ideen (Zahl 1) haben, die sie mit der Hilfe von anderen umsetzen können (2). Beide Zahlenkombinationen sind relativ selten.

Die neun Lebenszahlen

Bevor wir uns nun den Lebenszahlen im Einzelnen widmen, möchte ich dich noch einmal auf die Besonderheit des Konzeptes von Licht und Schatten hinweisen. Jede Lebenszahl bleibt unser ganzes Leben lang gleich, denn wir haben ja nur ein bestimmtes Geburtsdatum, das sich nicht mehr verändern kann. Was sich aber ändert, ist unser Umgang mit dem Leben und unserer besonderen Zielsetzung, die unsere Zahl beschreibt. Wir werden reifer und bewusster und vermögen es, unsere Besonderheit immer besser zu erkennen und ins Licht zu bringen. Zu Beginn unseres Lebens liegt die Aufgabe einer jeden Zahl noch vor uns, und je mehr wir uns mit ihr und unserem Leben auseinandersetzen und bewusster werden, umso mehr bringen wir auch die lichtvolle Seite unserer Lebenszahl zum Scheinen.

Hier nun alle 9 Lebenszahlen in einer größeren Übersicht. Die einzelnen Aufgaben und Ziele habe ich dir ausführlicher beschrieben.

1: Schöpferische Lebensenergie
Positive Eigenschaften der Zahl 1
    energiegeladen
    einfallsreich
    visionär
    durchsetzungsfähig
    will an die Spitze
    selbstbewusst

willensstark

begeisterungsfähig

Negative Eigenschaften der Zahl 1

gebremst

lustlos

müde

angsterfüllt

suchtgefährdet

unsicher

antriebslos

Die 1 steht ganz am Anfang der Reihe der neun Zahlen. Sie steht damit für das Nach-vorn-Gehen, das Leiten, das Neue und den Neubeginn.

Die 1 steckt voller Energie und will diese auf die Erde bringen. Darauf beruhen ihr großer Tatendrang und ihre Durchsetzungskraft. Sie steckt voller Ideen, wird damit zum Vordenker, möchte Chef werden oder strebt generell danach, zur Führungspersönlichkeit zu werden. Unter ihrer Prägung finden wir sehr viele Wegbereiter und Menschen, die an die Spitze gedrängt sind, Sir Isaac Newton wurde für den Bereich der Wissenschaft bereits genannt. Für die Politik finden wir hier das Paar Kanzler und Vizekanzler Gerhard Schröder und Joschka Fischer, den Feldherrn Napoleon sowie den Autobauer Henry Ford, den großen Reformator Martin Luther und den Erfinder Steve Jobs.

Bei meiner Recherche, wo sich besonders viele Menschen mit der Lebenszahl 1 tummeln, stieß ich eher zufällig auf die Formel 1. Wo sonst kann man seine Energie so toll ausprobieren und aus einem Pulk Fahrern so schnell wie möglich an die Spitze kommen? Unter den etwa einem Dutzend Formel-1-Weltmeistern der letzten Jahrzehnte finden sich überproportional viele Menschen mit der Lebenszahl 1, nennen möchte ich Niki Lauda, Michael Schumacher, Fernando Alonso, Nico Rosberg und Alain Prost.

In meinen Seminaren errechne ich oft die Lebenszahlen der Teilnehmer, um sie mit allen zu besprechen. Meine Erfahrung der letzten Jahre zeigt: Bei der Zahl 1 darf ich ganz besonders vorsichtig im Umgang sein. Ich habe es schon oft erlebt, dass solche Menschen auch hier an die Spitze drängen und die Führung übernehmen wollen. Die 1 sagt als Lebensmotto gern »Wo ich bin, ist vorn«, und dann übernimmt sie ganz selbstverständlich die Führung. Als Seminarleiter bin ich da oft schon sehr gefordert worden, souverän zu bleiben und nicht in die Konkurrenz zu gehen. Zu meinem Glück bin ich ja selbst eine 1 und darf also lernen, Verständnis für diese überschäumende Energie zu entwickeln.

In der aber mehr unreifen Form lebt die Zahl 1 ihre Energie noch nicht und weiß sie noch nicht für sich einzusetzen. Für die Zahl 1 gibt es also zwei Extreme:

➕ In ihrer bewussten Form lebt die 1 im Fluss der Energie, ist kreativ und voller Ideen. Sie schöpft aus der unerschöpflichen Quelle an Inspiration und fühlt sich dabei lebendig und beseelt, selbstbewusst und voller Selbstwertgefühl.

➖ In ihrer mehr unbewussten Form ist die 1 vom Füllhorn der Energie abgetrennt. Sie lebt sich noch zu wenig und die Energie fließt nicht frei, staut sich und der Mensch fühlt sich unfrei und

blockiert. Die schöpferische Kraft liegt noch un-
benutzt brach und sucht sich Auswege in ver-
schiedensten Formen von Süchten. Das müssen
keine der bekannten Drogen sein, auch viel Fern-
sehen, dauerhaftes Spielen oder Lethargie kann
die Folge sein. Diese Ausprägung der 1 macht
den Menschen unsicher, er ist dann von Selbst-
zweifeln gepeinigt. Die Energie staut sich auch
im Körper und man fühlt sich schwach. Sie kann
somit noch nicht zum Wohle für sich und die
Welt eingesetzt werden.

2: Harmonische Gemeinschaft

Positive Eigenschaften der Zahl 2

> beharrlich
>
> hilfsbereit
>
> kooperativ
>
> teamfähig
>
> gruppenorientiert
>
> ausgleichend
>
> bewahrend

Negative Eigenschaften der Zahl 2

> überfordert
>
> gereizt
>
> blockierend
>
> egoistisch
>
> geizig
>
> ausgrenzend
>
> Opferhaltung

Die Zahl 2 steht in der Reihe der Zahlen gleich hinter der 1, und genauso steht sie auch hinter anderen, setzt sich für andere ein und lebt sehr sozial.

Wenn die 1 der Erfinder ist, der das Neue in die Welt bringt, dann steht die 2 gleich dahinter und arbeitet dieses Neue weiter aus. Die 2 ist gern ein Zuarbeiter, die sich für die Aufgabe oder eine Gruppe einsetzt. Sie ist ein durch und durch soziales Wesen und stellt sich gern in den Dienst einer Sache.

Wenn die 1 die Energie schlechthin ist, dann geht es bei der 2 nun darum, wie diese Lebensenergie zwischen den Menschen einer Gemeinschaft hin- und hergegeben wird. Während die Zahl 1 für unser Ich-Bewusstsein steht, das mit unserer Kraftzentrale verbunden ist, durch die die Energie fließt, geht es bei der 2 mehr um das Ich und Du, das Gemeinschaftsgefühl und damit um das Geben und Nehmen im Miteinander.

Während die Lebenszahl 1 nach vorn drängt, darum für alle zu sehen ist und so bekannt wird, steht die Zahl 2 stattdessen viel lieber im Hintergrund und verschwindet in der großen Masse. Ganz allgemein kann jede Firma und jede Gruppe sich glücklich schätzen, eine 2 in ihren Reihen zu wissen, denn durch die 2 wird das soziale Miteinander gestärkt und immer wieder neu aufgebaut. Die 2 ist die perfekte Chefsekretärin, die ihrem Chef den Rücken freihält und auch noch wirklich Spaß daran hat, im zweiten Glied zu stehen.

Darum ist es im Vergleich zu anderen, durchsetzungs-fähigeren Zahlen bei der Lebenszahl 2 eher etwas schwie-rig, Prominente zu finden. Zudem sind statistisch gesehen vergleichsweise weniger Menschen mit der Zahl 2 vorhanden, da sie nur von der Lebenszahl (20/2) gebildet werden. Trotzdem finden sich einige, darunter der ehemalige Bundeskanzler Helmut Kohl. Ihm kommt wohl zugute, dass seine Lebenszahl 2 sich nicht so gut verstecken konnte, war Helmut Kohl doch (übrigens genau wie sein politischer Gegner Gerhard Schröder) vom Sternzeichen her Widder mit Widder-Aszendent, dem die Kraft, nach vorn zu gehen, in die Wiege gelegt worden ist. Außerdem findet sich hier der Humorist Loriot, der es auf sehr vergnügliche Weise verstand, unsere menschlichen Schwächen auf humorvolle Weise zu karikieren. Ein weiterer Vertreter dieser Lebenszahl ist Pierre de Coubertin, der Neubegründer der Olympischen Spiele der Neuzeit. Damit hat er sich um das gemeinschaftliche Miteinander der Staaten dieser Welt sehr verdient gemacht.

Im Seminar kann ich nur von Glück reden, solche Lebenszahlen 2 als Teilnehmer begrüßen zu dürfen. Sie halten sich zurück, sorgen für ausgleichende Harmonie und bringen mir in der Pause wahrscheinlich dann noch einen Tee. Überall schauen sie nach dem Rechten und kümmern sich um die Menschen wie auch um die Gruppe. Sie lieben es wie keine andere Zahl, in einer funktionierenden, geschützten Gruppe sein zu dürfen.

Bei der Lebenszahl 2 stellt sich die Polarität von Licht und Schatten auf diese Weise dar:

+ In ihrer bewussten Form ist die 2 der Kern jeder guten Gemeinschaft. Sie ist einerseits hilfsbereit und übernimmt Verantwortung, kennt aber bereits ihre Grenzen und Fähigkeiten, um sich nicht zu überfordern. Sie hat gelernt, auch sich selbst zu geben und nicht nur den anderen. Sie hat darum die 1 bereits in sich integriert, um in Harmonie mit sich und anderen wirken zu können.

— In ihrer unbewussten Form opfert sich die 2 für alle anderen auf, bis sie selbst merkt, zu kurz gekommen zu sein. Da sie nun denkt, nichts zurückzuerhalten, macht sie ganz zu und gibt den anderen gar nichts mehr. Im Grunde hat sie nur gegeben, um in gleicher Form wieder zurückzuerhalten. Was selbstlos wirkte, war wohl eher doch Kalkül und Eigennutz.

3: Berührende Emotion
Positive Eigenschaften der Zahl 3
ausdrucksstark

empfindsam

schöpferisch

mitfühlend

kreativ

tolerant

berührend

Negative Eigenschaften der Zahl 3
scheu

schüchtern

kontrolliert

zurückhaltend

überempfindlich

unscheinbar
in sich gekehrt

Die Zahl 3 macht aus der davor liegenden 2 die 3, indem die zwei ein Paar werden und eine Familie gründen. Das Gebären, das Schöpferische, der Ausdruck stehen darum für die Zahl 3.

Mit der Zahl 3 kommen wir nun in einen Bereich, in dem sich alles um Emotionen und Gefühle dreht. Hier geht es um Feingefühl und den Ausdruck von Gefühlen, um Empathie und die nonverbale Kommunikation unter uns Menschen, die ohne Worte, eben rein über unsere Gefühle und deren Ausdruck und Wahrnehmung stattfindet.

Menschen mit der Zahl 3 stecken ähnlich voll mit Gefühlen, wie es die Zahl 1 mit Lebensenergie ist, und ganz genauso müssen auch die Lebenszahlen 3 erst langsam lernen, mit diesem Übermaß zurechtzukommen. Darum sind Menschen dieser Zahl manchmal noch bis ins hohe Alter eher unscheinbar, die sprichwörtliche »graue Maus«, die dieses Übermaß an Gefühl leider noch nicht gelernt hat, ins Leben zu bringen.

Neben einer Vielzahl von bekannten Persönlichkeiten, die es vor allem auf der Bühne gewagt haben, ihre Gefühle in berührender Weise zu zeigen, steht darum eine wohl noch viel größere Anzahl von Lebenszahlen 3, die sich eben dies noch nicht zugetraut hat. Aus dieser Riege von Schauspielern, Sängern und Künstlern möchte ich vor allem die sehr feine und berührende Audrey Hepburn herausgreifen, weltberühmt für ihre Grazie und ihren Charme; sie wurde wohl genau darum zu einer Modeikone ihrer Generation. In ganz ähnlicher Weise vermochte die junge Lena Meyer-Landrut unsere Nation wie die ganze europäische Union zu bezaubern, als sie mit ihrem Song »Satellite« den Eurovision Song Contest gewann.

Im Seminar ist es eben diese Lebenszahl 3, die sich am meisten windet und ziert, wenn es darum geht, nach vorn zu gehen und mit der Gruppe eine gemeinsame Übung zu gestalten. Und eben diese Lebenszahl, die denkt, gleich von der ganzen Gruppe geteert und gefedert zu werden, versteht es auf sehr schlichte und einfache Weise, die Menschen für sich einzunehmen und zu begeistern. Eben erst war ich wieder mit einer Feriengruppe im Schwarzwald und konnte eine Zahl 3 nur mit viel Geduld und Verständnis dazu bewegen, der Gruppe über ihre Erfahrungen seit dem letzten Seminar zu berichten. Das Feedback der Gruppe hat sie dann sehr gefreut und sie war glücklich, dieses Wagnis eingegangen zu sein.

Die Spanne von Licht und Schatten ist bei der Lebenszahl 3 besonders groß:

+ Bewusst geworden, hat die reife 3 genügend Selbstbewusstsein und den Mut, ihre Gefühle auszudrücken und sie anderen zu zeigen. Sie hat die besondere Fähigkeit, andere Menschen damit wirklich zu berühren. Sie gleicht einer Blumenknospe, die endlich aufblüht und dabei mit ihrer Schönheit andere entzückt. Wie diese Gefühle ausgedrückt werden, kann sehr individuell sein, etwa als Singen, Tanzen, Musizieren, Töpfern, Malen oder Schreiben.

— Bleibt die 3 unbewusst, so wagt sie es nicht, ihre Gefühle auszudrücken, und behält sie bei sich. Ihre Blumenknospe bleibt verschlossen und sie wirkt auf die Umwelt eher wie eine graue Maus. Die Lebenszahl (30/3) ist davon besonders häufig betroffen. Eine 3, die sich der Welt nicht zeigt, ist überempfindlich und schnell enttäuscht. Sich zu zeigen, würde ihren Selbstwert sehr erhöhen, andererseits braucht sie eine gehörige Portion davon, um den Mut aufzubringen, ihre Gefühle wirklich zu offenbaren.

4: Strebsames Wirken

Positive Eigenschaften der Zahl 4

    leistungsbereit

    strebsam

    verantwortungsbewusst

    ehrgeizig

    motiviert

    erfolgsorientiert

    hartnäckig

Negative Eigenschaften der Zahl 4

    ungeduldig

    schnell enttäuscht

    gibt schnell auf

    labil

    unkonzentriert

    ablenkbar

    disziplinlos

Bei der Zahl 4 finden wir nun als Ergebnis, was beim Schöpfungsakt der vorhergehenden schöpferischen 3 herauskommt: das sichtbare Werk. Die 4 möchte auf dieser Welt etwas Sichtbares bewirken durch ihre Leistung und ihr Tun.

Wir finden die Zahl 4 an allen Ecken und Enden, zum Beispiel in den vier Ecken jedes Zimmers, in den vier Jahreszeiten, in den vier Himmelsrichtungen oder in den vier Elementen Wasser, Erde, Feuer und Luft. Wie keine andere Zahl steht die 4 für unsere sichtbare Welt, und darum möchte eine Lebenszahl 4 auf dieser Erde ganz besonders viel bewirken. Und sie hat vom Himmel wirklich die Fähigkeit dazu geschenkt bekommen!

In meiner Beratungspraxis hat sich gezeigt, dass unter der Zahl 4 besonders häufig Selbstständige und Unternehmer mit einer Firma anzutreffen sind, was natürlich sehr naheliegend ist. Zu den bekannten Persönlichkeiten zählen daher folgerichtig Arnold Schwarzenegger, Donald Trump und Bill Gates, genauso Ludwig Erhard, der zum Symbol für das deutsche Wirtschaftswunder nach dem Zweiten Weltkrieg geworden ist. Und damit steht er nicht allein, denn das hohe Streben nach Verantwortung führt dazu, unter der 4 besonders oft Politiker anzutreffen, etwa Franz-Josef Strauß, die eiserne Lady Margaret Thatcher wie auch den Bundespräsidenten Johannes Rau. Allen gemeinsam ist ihr Streben, diese Welt verändern zu wollen und ihr ihren Stempel aufzudrücken.

Die Zahl 4 ist im Seminar eher unauffällig, es sei denn, dass manche 4 hier ihren Schatten der zu großen Ungeduld lebt. Meist sind sie pünktlich und eifrig, Neues zu lernen. Ihre Leistungsbereitschaft könnte man schon sprichwörtlich nennen.

So finden wir bei der 4 Charaktere, die durch ihr Arbeitspensum und ihre Lebensleistung beeindrucken können, ihr wunder Punkt jedoch ist vor allem ihre Ungeduld:

+ Bewusste 4er bauen Schritt für Schritt und langsam ihr Lebenshaus auf. Dazu haben sie gelernt, geduldig zu sein, denn erst, wenn die Bodenplatte des Neubaus nach ein paar Tagen getrocknet und fest ist, kann die erste Mauer gesetzt werden. Die Zahl 4 hat viel Einsatzfreude mitgebracht, die sie befähigt, große Ziele praktisch zu verwirklichen. Damit schenkt sie auch ihrer Umwelt Stabilität.

– 4er, die noch eher unreif sind, spüren zwar die großen Fähigkeiten, die in ihnen stecken, gehen jedoch meist noch zu schnell vor. Sie bauen darum oft auf Sand und müssen dann feststellen, dass sie scheitern. Dies passiert der 4 oft in der Jugend und führt dazu, dass sie zunächst gar nicht mehr an sich glauben kann. Sie wirkt dann labil und verliert oft die Geduld, die sie zur Erreichung ihrer Pläne dringend benötigen würde.

5: Freiheitliches Streben
Positive Eigenschaften der Zahl 5
disizpliniert
ausdauernd
kommunikativ

kontaktfreudig
lebensfroh
humorvoll
interessiert

Negative Eigenschaften der Zahl 5
undiszipliniert
ablenkbar
schwankend
ziellos
zerstreut
gelangweilt
haltlos

Die Zahl 5 befindet sich in der Mitte der Zahlenreihe 1 bis 9 und steht damit für das Zentrum, das wir in uns finden wollen. Wir entdecken es, indem wir das, was wir sichtbar durch die Zahl 4 erschaffen haben, in immer neuen Erfahrungen begreifen, verarbeiten und verstehen. Die 5 steht damit sinnbildlich für die ständige Suche von uns Menschen nach dem Sinn des Lebens.

Unter der Zahl 5 finden wir meist Menschen, die viele Freunde und so manche Interessen haben, die umgänglich, freundlich und oft unterhaltsam und witzig sein können. Eine Zahl 5 hat immer etwas vor, ist meist unterwegs bei Freunden, ist bei einer Freizeitaktivität oder geht einem neuen Hobby nach.

Hinter all diesen äußeren Ablenkungen steht aber eine wohl mehr unbewusste Suche nach einer Freiheit, die nur in unserem Inneren zu entdecken ist. Es braucht dazu ganz im Gegenteil eine gewisse Disziplin durch Meditation,

Entspannung oder andere Formen der Kontemplation, um bis in dieses innere Zentrum vorzustoßen, das ich gern als unseren seelischen Kern bezeichne.

Wenn wir uns die Prominenten anschauen, die unter dieser Lebenszahl zu finden sind, dann fällt auf, wie viele Unterhaltungskünstler hier zu finden sind. Es ist eine illustre Riege, die so witzige Charaktere wie Hape Kerkeling, Heinz Erhardt, Peter Frankenfeld und Publikumsliebling Günther Jauch umfasst. Daneben finden sich viele bekannte Schauspieler bei den 5ern, wie Curd Jürgens, Marlene Dietrich, Walter Matthau oder Anthony Quinn. Allen gemeinsam ist eine grundsätzliche Freundlichkeit und Kontaktfähigkeit, die vom großen Publikum besonders geschätzt wird.

Blicke ich nun in die Reihen der Teilnehmer bei meinen Seminaren, so ist die Lebenszahl 5 dabei häufig eine nette Bereicherung. Immer für eine Anekdote oder einen Lacher gut, versprüht sie ihren Charme im geselligen Miteinander und verschönert damit die gemeinsame Zeit. Es gibt jedoch noch einen Parameter, an dem ich die 5 im Kreis vieler Menschen immer sehr einfach herausfiltern kann. Denn ihnen ist es meist unmöglich, länger stillzusitzen, was bei Atemübungen oder einer Meditation aber vonnöten ist. Die Praxis, innerlich zur Ruhe zu kommen, stellt die größte Herausforderung an 5er dar, und genau hier müssen sie lernen, angemessen diszipliniert zu werden.

Bei der Zahl 5 hängt die persönliche Entwicklung darum besonders von ihrer Fähigkeit ab, Disziplin und Freiheitsstreben unter einen Hut zu bekommen:

+ In ihrer reifen Ausprägung gelingt es der 5, mit Ausdauer und Disziplin den einen tiefen Brunnen zu bohren, der sie zu innerer Freiheit bringen kann. Sie erkennt, dass ihre Suche im Außen nur Ablenkung war. Durch die gewonnene innere Freiheit ist sie dann in der Lage, ihre vielen Begabungen zielgerichtet einzusetzen. Dann gelingt es ihr wirklich, frei und unabhängig zu werden.

− Die unbewusste 5 langweilt sich rasch und sucht sich immer neue Ablenkungen. Nichts kann sie lange begeistern, sie ist zerstreut und schwankend in ihren Interessen. Ihre äußeren Aktivitäten lenken sie von ihrer inneren Leere ab. Vor allem aber lehnt sie durch ihren übergroßen Freiheitssinn jede Form von Disziplinierung ab, weder durch andere noch durch sich selbst.

6: Analytisches Verstehen
Positive Eigenschaften der Zahl 6
rational

analytisch

genau

anpassungsfähig

tolerant

liebevoll

akzeptierend

Negative Eigenschaften der Zahl 6
pedantisch
überkritisch
besserwisserisch
kritisierend
detailversessen
ablehnend
nörgelnd

Die Zahl 6 steht für die Bienenwabe und den Honig und damit für die Liebe, die unser Leben versüßen möchte. Es geht um die Liebe zu uns, zu allen anderen und zu dem, was wir erschaffen haben, selbst wenn es noch so fehlerhaft und unvollkommen erscheinen mag.

Genauigkeit, Detailversessenheit, Perfektionsstreben – diese Eigenschaften zeichnen in spezieller Weise die Lebenszahl 6 aus. Sie will ihre Aufgaben besonders gut und besonders richtig machen und schießt dabei nur allzu oft über ihr selbst gestecktes Ziel hinaus. Kritik an sich und anderen ist darum eine der Schattenseiten der Lebenszahl 6.

Sie hat die Fähigkeit mit auf diese Welt gebracht, hinter die menschliche Fassade zu blicken und so das Potenzial zu erkennen, das in ihr selbst wie in den Menschen um sie herum schlummert. Sie hat einen Blick dafür, wie sie selbst und andere optimalerweise sein könnten, und verlangt daher sich und anderen viel zu viel ab. Die Lebenszahl 6 kann allerdings die vorhandenen Möglichkeiten einer Situation bestmöglich analysieren und darum meist besonders gut für sich nutzen.

Die Fähigkeit für einen genauen Blick und die Begabung, sich einer Sache voll und ganz zu verschreiben, führt dazu, bei der Zahl 6 einige der größten Forscher und Erfinder anzutreffen, beispielsweise die bereits erwähnten Albert Einstein und Galileo Galilei oder Thomas Alva Edison und noch viele andere. Wohl nur unter dem Einfluss der Lebenszahl 6 konnte sich Konrad Duden daran machen, die deutsche Sprache zu strukturieren, und uns die richtige Rechtschreibung schenken. Und der genaue Blick der 6 bescherte uns schließlich die wunderbaren Kindheitserinnerungen der Buchautorin Astrid Lindgren.

Im Seminar fällt die Zahl 6 damit auf, alles Gesagte wörtlich mitzuschreiben, am besten gleich in Steno. Sie will eben alles ganz genau wissen und stellt darum besonders gern und viele Fragen. Ich freue mich immer ganz besonders, wenn im Laufe der Zeit dieser Reflex der 6 langsam nachlässt und sie eher zuhört, miterlebt und immer mehr ins Fühlen kommt.

Die Spanne zwischen Licht und Schatten reicht bei der Zahl 6 besonders weit:

+ In ihrer positiven Ausrichtung sind Menschen mit der Lebenszahl 6 tolerant und liebevoll. Sie haben die menschlichen Schwächen bei sich und anderen erkannt und gelernt, diese zu akzeptieren. Sie besitzen einen angeborenen Sinn für Schönheit und erkennen die Vollkommenheit in jedem. Damit sind sie in der Lage, gut und gründlich zu arbeiten, ohne allzu perfektionistisch zu werden.

In der unreifen Form ist die Zahl 6 überkritisch, penibel und genau. Sie hat ein übergroßes Ideal, wie sie oder andere Menschen zu sein haben, das unerfüllbar ist. Dabei verlangt sie sich und anderen viel zu viel ab und stellt Maßstäbe auf, vor denen jeder versagen muss. Nichts ist ihr gut genug, vor allem ist sie selbst ihr größter Kritiker.

7: Verletzliche Intuition
Positive Eigenschaft der Zahl 7
   feinfühlig
   emotional
   intuitiv
   kreativ
   ausdrucksstark
   diplomatisch
   elegant

Negative Eigenschaften der Zahl 7
   überempfindlich
   verletzlich
   nachtragend
   ängstlich
   verträumt
   sprunghaft
   hysterisch

Bei der Zahl 7 verlassen wir die sichtbare Welt und begeben und uns auf eine neue, unsichtbare Ebene. Wenn wir unter der Prägung der Zahl 3 das Fühlen und den Ausdruck von Gefühl lernen sollen, dann ist die Zahl 7 die hohe Schule des Fühlens: die Intuition und das Feingefühl.

Menschen unter dem Einfluss der Lebenszahl 7 sind oft körperlich sehr anmutig und schön. Ich pflege immer zu sagen, durch solche Personen sollen wir ein Stück weit Einblick erhalten in die Schönheit der unsichtbaren Welt der Feen und Elfen, die unserem Auge normalerweise verborgen bleibt. Einige der schönsten Frauen sind unter dieser Zahl zu finden, etwa die Prinzessin von Wales, Lady Di, die als Gemahlin von Prinz Charles vom Publikum zur »Königin der Herzens« geadelt wurde. Ähnliche Anmut entdecken wir auch bei der schier alterslosen Sängerin Nena, bei Marilyn Monroe oder Julia Roberts, die sinnigerweise durch den Film »Pretty Woman« zu Weltruhm gelangte.

Solche Menschen sind aber daneben auch mit so viel Feingefühl gesegnet, dass sie schnell verletzt sind und sich dann verschließen. Die Zahl 7 muss darum lernen, trotz allen Feingefühls offen zu bleiben für ihre übergroße Intuition, die ja gerade ihre Gabe ist. 7er sind so feinfühlig, dass sie die Stimmungen und Energien anderer Menschen aufsaugen wie ein Schwamm. Dann fühlen sie zwar das andere, haben aber kein Gespür mehr für sich selbst. Es ist darum wichtig für die 7, viel Zeit mit sich allein zu verbringen, um sich »auszuleeren« und wieder selbst spüren zu können. Besonders wichtig für die 7 ist es zu diesem Zweck, viel Zeit in der freien Natur zu verbringen.

Ihr Feingefühl schenkt diesen Menschen eine angeborene Diplomatie, und darum wundert es nicht, unter der Zahl 7 besonders viele bekannte Politiker zu entdecken:

Kanzlerin Merkel, Seehofer, Stoiber, Putin, Genscher, Schäuble, Brandt und Churchill – eine wahrhaft illustre Riege großer Staatsmännern und -frauen.

Blicken wir in die Reihen der Seminarteilnehmer, so fallen die Lebenszahlen 7 oft durch schöne Gesichtszüge auf. Daneben sind sie aber häufig sehr scheu, was sie wiederum mit ihrer Geschwisterzahl 3 verbindet. Wenn es der 3 schon schwerfällt, sich in der Gruppe in ihrem Ausdruck von Gefühl zu zeigen, so ist es für eine 7 fast gänzlich unmöglich. Keine andere Zahl ist so scheu und scheinbar nicht von dieser Welt wie eine 7.

Schauen wir uns also abschließend noch einmal die Licht- und Schattenseite der Lebenszahl 7 an:

+ In der bewussten Ausprägung hat die 7 gelernt, trotz ihrer großen Verletzlichkeit offen zu bleiben, um die sehr feinen Antennen ihrer Intuition nutzen zu können. Sie vertraut ihrer inneren Stimme und folgt ihr. Sie hat damit den Zugang zu ihrer inneren Weisheit geöffnet und teilt sie mit anderen Menschen.

– In ihrer unbewussten Form ist die 7 nachtragend und wirft ihrer Umwelt vor, sie verletzt zu haben und ihr Kummer zu bereiten. Sie verschließt sich vor der Welt, die ihr mit vielen Grobheiten Angst bereitet. Sie zieht sich in sich selbst zurück und vertraut weder sich selbst noch anderen.

8: Charismatische Kraft

Positive Eigenschaften der Zahl 8

energiegeladen

schöpferisch

zuversichtlich

machtvoll

verantwortungsvoll

charismatisch

Glaubenskraft

Negative Eigenschaften der Zahl 8

schwach

labil

ohnmächtig

zweifelnd

zögerlich

frustriert

manipulierend

Die Zahl 8 beschäftigt sich mit der Kraft der Gedanken und damit mit dem Thema Glaube. Durch die Zahl 8 werden Wunder möglich, auch das Bestellen beim Universum beruht vor allem auf ihren Gaben.

Es ist unser Glaube, der Berge versetzen kann, und es ist unser Glaube, der uns immer wieder an unseren Fähigkeiten zweifeln lässt. Durch das positive Denken ist uns allen ja bereits vor Augen geführt worden, welche Macht (oder Ohnmacht) in unseren Gedanken schlummern kann. Und es ist sicher kein Zufall, dass die Zahl Acht sowohl in den Wörtern Macht und Ohnmacht anzutreffen ist.

Die Zahl 8 soll lernen, dass ihr nach ihrem Glauben geschehen wird. Besonders zu Beginn ihres Lebens fühlen sich 8er oft recht machtlos und dem Leben ausgeliefert. Sie reifen erst langsam zu ihrer in ihrem Inneren verborgenen Macht heran. Am besten versteht man die Zahl 8 mit Hilfe des Ausspruchs von Henry Ford: »Ob du glaubst, du kannst es, oder ob du glaubst, du kannst es nicht, du hast Recht!« Das Leben dieser Menschen gestaltet sich nach ihrem Glauben – abhängig davon, was sie von sich und dem Leben glauben.

Ihre Macht, die sie von Geburt an in sich tragen, äußert sich, wenn sie gelernt haben, an sich zu glauben, in Form einer besonderen Ausstrahlung und ihrer charismatischen Wirkung auf andere. Eine Art Archetyp bildet für mich in dieser Hinsicht Nelson Mandela, der durch seinen unerschütterlichen Willen zum Präsidenten von Südafrika wurde. Ihm gelang es in unnachahmlicher Weise, dieses so zerrüttete Land auf den Weg zu freien Wahlen zu bringen. Ich selbst musste ein wenig schmunzeln, als ich erfuhr, dass auch eine der bekanntesten Unterhaltungskünstlerinnen der letzten Jahre ihren Erfolg dieser Lebenszahl verdankt, Helene Fischer ist in diese Zahl hineingeboren. Unter dem Einfluss der 8 stehen außerdem Naomi Campbell, Romy Schneider und Elisabeth Taylor.

Im Seminar erkenne ich diese Lebenszahl treffenderweise am Ausspruch: »Das glaube ich nicht!« Bevor der Glaube Berge versetzen kann, muss er lernen, sich zu öffnen und neue Vorstellungen zuzulassen. Bei der Zahl 8 geht es darum oft um Meinungen, und es kann schnell passieren, dass ein Machtkampf um den richtigen Glauben aufkommt. Wenn aber die Zahl 8 einmal überzeugt ist von einer Meinung, wird sie diesen Glauben mit all ihrer Ausstrahlung nach außen tragen. Die Zahl 8 kann damit zum wohl besten denkbaren Werbeträger für eine Sache oder eine Meinung werden. Unter ihrem Einfluss finde ich die größten Fans und die größten Skeptiker!

Der Weg der Zahl 8 geht darum von der Ohnmacht hin zur Entdeckung der eigenen Fähigkeiten:

+ In der bewussten Art ist sich die 8 über die Macht bewusst, die in ihrer Vorstellungskraft wohnt, und stellt sie in den Dienst der Allgemeinheit. Sie kann geschickt mit Macht umgehen und weiß, wo sie sich durchsetzen oder wo sie eher nachgiebig sein sollte. Ihre Ausstrahlung verschafft ihr eine natürliche Autorität und Anerkennung.

− Die unreife 8 hat den Glauben zu sich selbst noch nicht in sich gefunden und wirkt darum nach außen eher schwach und labil. Sie fühlt sich ohnmächtig und kann mit Macht und Autorität nicht umgehen, weder bei sich noch bei anderen. Sie lernt erst langsam, mit der Anerkennung durch andere umzugehen und den eigenen Erfolg zu ertragen und zuzulassen.

9: Lebendige Weisheit
Positive Eigenschaften der Zahl 9
schöngeistig
philosophisch
anspruchsvoll

weise

strebt nach Selbstverwirklichung

vorbildlich

verantwortungsvoll

Negative Eigenschaften der Zahl 9

idealisierend

unstet

weltfremd

orientierungslos

verwirrt

abwesend

irrational

Die Zahl 9 steht am Ende der Reihe der neun Zahlen und überblickt alle anderen. Sie ist der höchsten Entwicklung des Menschen zugewandt und strebt nach dem Idealen und Vollkommenen, um ein Vorbild werden zu können.

Die 9 möchte die Welt verstehen und sucht, ähnlich wie die Zahl 5, nach einem höheren Sinn. Während der Zahl 5 diese Suche genug sein kann, will die 9 noch mehr, sie will die Erkenntnisse dieser Suche an andere weitergeben, indem sie zum Lehrer und Vorbild wird.

Die 9 überblickt die anderen Zahlen, und genauso will sie die ganze Welt überschauen und damit zu einer eigenen Weltanschauung kommen. Sie strebt ständig nach neuen und noch höheren Erkenntnissen und möchte in dieser Suche nach dem Idealen schließlich dahin gelangen, dieses höchste Ziel des Menschen selbst zu verkörpern. Ständig sucht sie nach den wahren und tiefsten

Werten und Grundsätzen des Lebens, und ihre gewonnene Weisheit schenkt ihr ein hohes Maß an Ethik und Moral.

Menschen mit dieser Lebenszahl zeichnen sich besonders durch diese hohen moralischen Maßstäbe und inneren Werte aus. Unter den 9ern sind daher viele große Lehrer und Vorbilder zu finden, Mahatma Gandhi ebenso wie Mutter Teresa, Neale Donald Walsch und Carl Gustav Jung. Allen gemeinsam ist das ständige Streben nach Wissen und Selbstvervollkommnung. Die Zahl 9 stellt somit als größte mögliche einstellige Zahl das höchste Ziel des Menschen dar, natürlich immer im jeweiligen Bereich seines Schaffens. Auch die »Grande Dame« der Esoterik, die große Louise Hay, ist unter dieser Lebenszahl geboren.

Im Seminar stellt mich die Zahl 9 vor eine ganz besondere Herausforderung, denn Menschen mit dieser Lebenszahl neigen sehr dazu, jeden Lehrer auf einen hohen Sockel zu stellen und dann nach Herzenslust zu vergöttern. Dieser Vorgang hält bekanntlich nie sehr lange an, dann stürzt der Lehrer wegen irgendeiner Fehlbarkeit von seinem Podest und die 9 sucht sich darum gleich ein neues, scheinbar noch besseres Vorbild. Es geht aber darum zu entdecken, dass jeder Lehrer fehlbar ist – erst dann ist der Weg für die 9 geebnet, fernab von allen Idealen endlich selbst ein menschlicher Lehrer zu werden, der ganz nah bei seinen Schülern ist.

Licht und Schatten der Zahl 9 zeigen sich in folgender Weise:

+ Die 9 in ihrer bewussten Form hat in ihrem Streben nach Selbstverwirklichung zu sich selbst gefunden. Sie hat ein natürliches Charisma und wird zum Vorbild für andere. 9er gehen mit gutem Beispiel voran und werden so oft zum Lehrer oder »Guru« im positiven Sinne. Dabei gelingt es ihnen, durch Worte ebenso zu leiten wie durch ihre Taten.

— In der unerlösten Form ist die 9 noch auf der Suche nach sich selbst. Dazu geht sie zu immer neuen Lehrern, ohne dort jedoch wirklich Befriedigung zu finden. Auf diesem Weg entdeckt sie jedoch, welche Lehre sie von jedem Vorbild für sich mitnehmen kann, wird dabei langsam klüger und weiser und dann irgendwann selbst zum Vorbild für andere. Sie erkennt, wie ihr natürlich gelebtes Vorbild dazu führt, dass andere Menschen ihr folgen – und dies im Guten wie im Schlechten.

Kapitel 4

So bestellen die einzelnen Lebenszahlen

Du kennst nun deine Lebenszahl und weißt, welche besondere Herausforderung sich hinter ihr verbirgt. Mit dieser Kenntnis können wir uns jetzt wieder den Bestellungen beim Universum zuwenden und betrachten, welchen Einfluss die Lebenszahl auf deinen speziellen Bestelltyp hat. Wie bestellt eine bestimmte Lebenszahl gängigerweise und mit welchen Themen sollte sie sich dabei am besten auseinandersetzen, um erfolgreich zu sein?

Knüpfen wir dazu wieder beim ersten Kapitel an, in dem es um die wichtigsten 9 Bestellregeln ging. Dort wurde schon deutlich: Die einzelnen Zahlen bauen aufeinander auf und können als eine Art Weg beschrieben werden, den jeder Mensch in seinem Leben zu durchwandern hat. Immer wieder werden wir dabei von außen dazu aufgefordert, die besonderen Themen jeder Zahl in uns kennenzulernen, um sie in uns für diesen Weg nutzbar machen zu können. Unsere eigene Lebenszahl ist aber dabei die größte Herausforderung, die uns ganz besonders beschäftigt und die wir uns als Seele für dieses Leben vorgenommen haben.

Jede Lebenszahl hat dabei spezielle Themen, mit denen sie sich auf ihrem Lebensweg intensiver auseinanderzusetzen hat. Man sieht es daran, wie jede Lebenszahl mit der ihr zur Verfügung stehenden Lebensenergie umgeht:

Bei der **Lebenszahl 1** kommt die Lebensenergie auf die Welt, sie durchströmt diesen Menschen und er darf lernen, diese Energie bestmöglich für sich nutzbar zu machen.

Die **2** nimmt diese Lebensenergie auf und möchte harmonische Wege finden, sie auch an andere im besten Sinne zu verteilen.

Bei der **Lebenszahl 3** verbindet sich diese Energie mit unseren Gefühlen und wird berührend zum Ausdruck gebracht.

Die **4** setzt diese Energie voller Motivation dafür ein, die Welt in ihrem Sinne zu verändern und ihr ihren Stempel aufzudrücken.

Die **5** wendet sich nach innen und sucht einen tieferen Sinn hinter diesen Tätigkeiten, um zu innerer Freiheit zu gelangen.

Die **6** widmet sich dieser Suche mit ganzem Herzen und lernt dabei, sich selbst und andere lieben und annehmen zu können.

Die **7** verfügt über ein so großes Feingefühl, das sie Intuition entwickelt, die sie bei dieser Suche lenken und führen kann.

Die **8** findet viele Antworten auf dieser Suche und entwickelt dabei Meinungen und einen festen Glauben.

Die 9 lebt diesem Glauben gemäß, sammelt dabei Erfahrungen, entwickelt so Moral und gibt ihre Grundsätze an andere als Vorbild weiter.

Nach dieser Einführung gehen wir nun die 9 Lebenszahlen einzeln durch, um zu sehen, wie sie mit dem Leben und dem Bestellen beim Universum umgehen.

Die Lebenszahl 1:
Schöpferische Lebensenergie

Um die Zahl 1 besser verstehen zu können, stelle ich mir einfach vor, sie wäre ein kleines Kind, denn ganz ähnlich muss sich die 1 erst einmal auf der Welt zurechtfinden. Sie kann vor Kraft kaum laufen und eckt darum häufig irgendwo an, da sie erst langsam lernt, ihre Energie zu steuern und ihre PS mit mehr Sorgfalt auf die Straße zu bringen. Sie muss sich zunächst finden und probiert sich darum in vielem erst einmal aus. In vielem gleicht sie darum auch einem Teenager, der sich erstmals vom Elternhaus lossagt und eigene Wege einschlägt.

Sein Leben liegt noch weitgehend vor ihm und seine grundsätzlichen Fragen an das Leben sind noch recht einfach, sie lauten in etwa: »Was mache ich als Nächstes? Worauf habe ich Lust? Für was setze ich meine ganze überschäumende Energie ein?« Die 1 muss sich zuerst einmal selbst kennenlernen.

Wie bei einem Teenager weiß die 1 anfangs kaum etwas mit sich anzufangen und »chillt« so vor sich hin, wie das Rumhängen neudeutsch genannt wird. Lustlos und müde sucht die 1 dann nach irgendeinem Ventil und findet es in vielerlei Ablenkungen, um ihre Energie abzubauen. Das ist der Schatten und die große Gefahr für eine 1, hierher rührt ihre Suchtgefährdung: Sie entwickelt Süchte, da sie Wege sucht, ihre Energie irgendwie loszuwerden. Diese Sucht muss nicht in Alkohol und Drogen gelebt werden, Computerspiele oder exzessives Shoppen sind ebenfalls Möglichkeiten.

Was die Lebenszahl 1 am allermeisten braucht, ist ein Ziel, für das sie ihre große Energie einsetzen kann. Am besten gleich eines, das ihr guttut und das sie selbst im Leben nach vorn bringt. In dieses Ziel kann sie ihre Kreativität und Begeisterungsfähigkeit dann nutzbringend fließen lassen.

Beim Bestellen ist die Zahl 1 anfangs meist zu schnell und kann die Lieferung kaum erwarten. Bei ihr muss immer alles Zack, Zack gehen, sonst verliert sie sofort den Spaß an der Sache. Doch so wie ein kleines Kind laufen lernt, so sollte auch die 1 ganz langsam an das Bestellen herangehen: Kleine Schritte machen, ausprobieren, sich über noch so kleine Erfolge freuen. Und nicht gleich beim ersten Misserfolg alles in Frage stellen.

Die 1 steht für den Anfang und darum wäre es gut, wenn die 1 über die Grundzüge des Bestellens Zugang zu ihren geistigen Kräften finden könnte. Das positive Denken ist wie für sie gemacht, denn damit übt sie, sich auf nur ein bestimmtes Ziel zu fokussieren.

Erinnern wir uns, die 1 ist reine Energie und Lebenskraft. Dorthin, wo sie ihre Aufmerksamkeit richtet, dorthin fließt auch ihre Energie. Wie schon die vedischen Gelehrten wussten: Achte auf deine Gedanken, sie werden Worte. Achte auf deine Worte, sie werden deine Handlungen.

Achte auf deine Handlungen, sie formen dein Schicksal.

Das vorrangige Thema der Lebenszahl 1 beim Bestellen sollte es deshalb sein, Hüter und Beschützer der eigenen geistigen Energie zu werden. Im Licht lernt dieser Typ, seine Energie zielgerichtet und angemessen einzusetzen, so dass sie ihm selbst bestmöglich Zugute kommen kann.

Archetyp der 1: Der Erneuerer und Erfinder

Mein Tipp an dich: Bleiben wir beim Bild von der Lebenszahl 1 als Kind. Wie geht man am besten mit solch einem Charakter um? Vielleicht hast du ja sogar ein Kind mit dieser Lebenszahl, das mit seiner großen Energie nie so recht weiß, wohin. Die Zahl 1 sollte sich auspowern können, ganz besonders in der Jugend. Such dir einen Sport, der dich erfreut, indem du deine Kraft ausprobieren kannst und der auf diese Weise deinem Körper guttut. Wenn du ein Kind mit dieser Lebenszahl hast, nimm es mit zum Sport und unterstütze jede Form von körperlicher Aktivität. Eine Bekannte von mir ist Lehrerin und hat einen jungen Schüler mit dieser Lebenszahl, der gern stört. Immer wenn er zu sehr in ihrer Klasse auffällt, hat sie darum mit ihm ausgemacht, dass er so lange um die Schule rennen darf, bis er wieder ruhiger geworden ist. Der Dampf ist dann aus dem Kessel raus und er kann wieder dem Unterricht folgen. Für dich als Lebenszahl 1 gibt es ähnliche Aktivitäten, um deine Energie abzubauen: Holzhacken, Putzen, Rasenmähen oder das Haus entrümpeln. Nutze deine Kraft einfach für etwas Nützliches, das für dich und deine Umwelt hilfreich ist.

Die Lebenszahl 2:
Harmonische Gemeinschaft

Dort, wo die Zahl 1 sich vor allem um die eigenen Bedürfnisse kümmert, da denkt die Lebenszahl 2 vermehrt an den anderen. Ihr Credo lautet: »Für mich war es schön, wenn es für dich schön war.« Ihr machen vor allem solche Freizeitaktivitäten Freude, die sie in Gesellschaft mit anderen verbringt und erlebt.

Während bei der Zahl 1 noch die Frage im Mittelpunkt stand, für was sie die noch unbekannte Lebensenergie einsetzen möchte, geht die 2 nun eine Überlegung weiter und möchte diese Energie mit anderen teilen, so dass sie dazu beitragen kann, eine angenehme, harmonische Gemeinschaft zu schaffen. Darum ist ihr Interesse viel mehr nach außen gerichtet, die 2 ist durch und durch sozial und immer schaut sie, wo sie andere unterstützen kann.

Wo die Zahl 1 eher mit einem gewissen Egoismus zu kämpfen hat, da bekommt es die 2 nun mehr mit dessen Gegenteil zu tun, dem Altruismus, dem »Sich-für-den-anderen-Aufgeben«. Ihr Schatten ist es, sich für so manches aufzuopfern, sei es für den Partner, das Kind, die Familie, die Firma oder die beste Freundin. So löblich und wichtig dieses Verhalten sein mag, die 2 wird erst wirklich glücklich sein, wenn sie lernt, auch ihre 1 in sich zu integrieren. Denn der Satz aus der Bibel »Liebe deinen Nächsten wie dich selbst« sollte von seinem Ende her verstanden werden. Die Liebe zu unserem Nächsten kann nur funktionieren, wenn vorher eine gesunde Grundlage der Liebe zu uns selbst geschaffen wurde. Da die 2 so viel und scheinbar so selbstlos gibt, hat sie sonst ständig das Gefühl, zu kurz zu kommen. Ihr Grundgefühl ist im Mangel, da sie ständig mehr geben möchte, als ihr selbst zur Verfügung steht. Darum ist Selbstliebe das wichtigste Thema für die 2. Wenn sie lernt, sich selbst zu versorgen, hat sie genug und ein Gefühl von Fülle. Aus dieser Fülle gibt sie gern, denn diese Fülle möchte sich verströmen, wie ein Füllhorn.

Das Thema der 2 beim Bestellen: Liebe dich selbst, und das Universum öffnet dir seine Tore. Es ist sehr schwer, aus dem Gefühl von Mangel heraus zu bestellen, da Liebe und Dankbarkeit die besten Bestellerfolge erzielen. Da die 2 so sehr auf den anderen blickt, stehen Bestellungen zum Thema Partnerschaft bei ihr im Mittelpunkt. Da aber, wie Meister Eckhart so treffend sagte, alle Liebe dieser Welt auf Selbstliebe begründet ist, kann die Liebe, die wir von anderen Menschen erfahren wollen, ursächlich nur aus uns selbst entspringen. Selbstliebe ist darum die wichtigste Fähigkeit, um eine glückliche und funktionierende Partnerschaft leben zu können.

Die beherzigte und umgesetzte Praxis der Selbstliebe füllt nach und nach den Mangel, den die Lebenszahl 2 spürt. Sie möchte so viel geben, braucht aber, solange sie ihren Schatten noch nicht erkannt und überwunden hat, auch sehr viel zurück. Aus Mangel heraus kann keine Fülle bestellt werden, denn hier fehlt es vor allem an der Kraft der Liebe zu uns selbst. Die 2 sollte darum vor allem erlernen, sich zunächst einmal um sich selbst zu kümmern, dann erwartet sie dies nicht mehr ständig von anderen.

Archetyp der 2: Der Soziale

Mein Tipp für dich: Damit die Lebenszahl 2 glücklich wird und es mit dem Bestellen besser klappt, sollte sie die vorhergehende Zahl 1 integriert haben. Auch wenn es dir schwerfällt, schau immer wieder auf dich und deine Bedürfnisse. Du bist so veranlagt, gern und viel auf andere zu achten. Beginne nun bei dir selbst! Frage dich manchmal: Was könnte ich jetzt für mich tun? Was könnte ich mir in diesem Moment selbst an Gutem geben? Eine Hilfe zur Entdeckung deiner eigenen Bedürfnisse kann dabei sein, dir einmal 20 oder 30 derjenigen Tätigkeiten aufzuschreiben, die du wirklich gern tust. Schreib dir doch am besten gleich einmal eine solche Liste auf! Ohne lange nachzudenken … Was macht dir Freude? Nette Treffen mit Freunden, ein Waldspaziergang, ein Abend in der Sauna? Schreib dir eine Liste und verpflichte dich selbst dazu, einmal in der Woche mindestens einen Punkt deiner Freudeliste abzuarbeiten. Du investierst dabei in dich selbst, und du wirst merken, es kostet fast nichts, dir eine Freude zu machen.

Die Lebenszahl 3:
Berührende Emotion

Mit der Zahl 3 kommen wir nun zum nächsten evolutionären Schritt: Dort, wo die Zahl 2 gelernt hat, sich selbst zu fühlen und sich auf diese Weise um sich und ihre Bedürfnisse zu kümmern, da wird die Zahl 3 gefordert, diese neu entdeckten Gefühle anderen zu zeigen und der Umwelt gegenüber auszudrücken. Was für andere Zahlen vielleicht sehr einfach erscheinen mag, ist für die Zahl 3 scheinbar unmöglich. Denn im Schatten ist sie eher kontrolliert, und beim Ausdruck von Gefühlen läuft sie scheinbar Gefahr, diese Kontrolle zu verlieren.

Das Dilemma der Zahl 3 zeigt sich darin, als Lebensaufgabe die besondere Fähigkeit zu besitzen, über eine große Ausdrucksfähigkeit zu verfügen. Was aber, wenn sie sich nicht traut, diese auf der Bühne des Lebens einem Publikum zu präsentieren? Ihr wird dann jeder Applaus und jedwede Anerkennung verwehrt bleiben. In jeder 3 schlummert ein strahlender Bühnenstar, doch ihr Schatten denkt, gar nichts zu können, und versteckt die wunderbaren Fähigkeiten hinter einem nur allzu realistischen Verstand.

Darum möchte ich jeder Zahl 3 zurufen: Gefühle wollen gelebt werden! Wir sind als Menschen vor allem fühlende, spürende Wesen, und unsere Emotionen sind das Salz in der Suppe des Lebens. Gefühle machen uns authentisch und zeigen erst, wer wir wirklich sind. Der Erfolg und das Lebensglück der Zahl 3 hat vor allem mit dieser Gabe zu tun, andere Menschen wirklich im Herzen ansprechen und berühren zu können.

Beim Bestellen dreht sich bei der Zahl 3 darum alles um Gefühle und die Kraft, die in ihnen wohnt. So wie das Publikum auf der Bühne ihres Lebens angesprochen werden kann von der Ausdrucksfähigkeit der Zahl 3, so wird ihr auch das Universum erst wirklich die gebührende Aufmerksamkeit schenken, wenn sie ihre Gefühle lebt. Wenn dies der Zahl 3 gelingt, dann leuchtet sie auf dem Radarschirm des Universums besonders hell auf und die himmlischen Helfer werden sicher ganz neugierig von allen Seiten angeflogen kommen, um zu schauen, welch ein besonderer Mensch hier bisher verborgen geblieben war.

Darüber hinaus lernen wir uns selbst und unsere Bedürfnisse erst wirklich kennen, wenn wir uns fühlen und wahrnehmen, was wir wirklich wollen. Das Wünschen bleibt sonst mehr an der Oberfläche, da wir noch nicht mit unseren wahren Herzenswünschen in Verbindung stehen.

Wenn die Zahl 1 sich mit der ersten Grundlage des Bestellens auseinandersetzen sollte, dem positiven Denken, dann folgt nun bei der 3 die zweite, das »positive Fühlen«. Denken und Fühlen sollten beim Bestellen Hand in Hand gehen und sich zum Besten ergänzen. Die Lebenszahl 3 hat eine besondere Fähigkeit, Gefühle zu zeigen, und wird in dem Maße immer mehr in ihre persönliche Freude finden, je mehr sie anderen Menschen Freude durch den Ausdruck ihrer Gefühle schenkt.

Archetyp der 3: Der die Herzen berührt.

Mein Tipp an dich: Es mag dir schwerfallen und ist vielleicht für dich kaum zu glauben, aber in dir steckt eine ausdrucksstarke Persönlichkeit. Wie sonst könntest du dir darüber klar werden, als dass du es tatsächlich ausprobierst? Besonders die Lebenszahl 3 braucht diese von ihr selbst gemachte Erfahrung. Um dir Mut zu machen, denke einmal zurück an deine Kindheit, wie hast du dich damals ausgedrückt? Vielleicht hast du gern gemalt, vielleicht hast du ein Instrument gespielt, das jetzt, lange vergessen, im Schrank vergammelt. Verbinde dich mit deinem kleinen Kind und schau, was dir in deiner Jugend Freude gemacht hat. Und beginne wieder neu damit. Es muss nicht gleich eine Bühne und ein Theaterstück sein, fange mit dem Ausdruck von Gefühl bei kleinen Dingen an und steigere dich langsam. Schreibe Tagebuch für dich und lies es jemandem vor. Trau dich, vor kleinen Mengen an Menschen zu reden oder sogar zu singen. Belege einen Malkurs, tritt in einen

Chor ein. Was wäre deine liebste Art, dich zu zeigen und auszudrücken?

Die Lebenszahl 4:
Strebsames Wirken

Mit der Lebenszahl 4 kommen wir jetzt zu der Frage, wie ich meine zur Verfügung stehende Lebensenergie einsetze, um auf dieser Erde etwas Sichtbares zu bewirken. Die Zahl 4 bringt die Freude der Schaffenskraft mit und lebt, um diese Welt nach ihrem Sinne neu zu formen und zu verändern.

Die Lebenszahl 4 kann außerdem wie keine andere bereit dazu sein, für diesen Erfolg strebsam und hart zu arbeiten. Aber nur, wenn sie ihren Schatten vorher transformiert hat, der damit zu tun hat, dass sie sich gedanklich schon am Ziel angekommen wähnt, ohne die dazu notwendigen Schritte dann wirklich zu gehen. Besonders die noch junge 4 ist gern übereilig und will die Dinge zu schnell nach vorn treiben. Oft erst im Alter lernt sie: Dinge brauchen manchmal auch ihre Zeit, müssen reifen und brauchen viel Geduld und Durchhaltevermögen zu ihrer Umsetzung. Wenn die 4 langsam und Schritt für Schritt ihr Ziel ansteuert, dann kann sie besonders große Dinge bewirken.

Der zweite Punkt bei der Lebenszahl 4 ist ihre Tendenz, sich nicht helfen zu lassen. Denn sie denkt, nur was sie alleine tut, das wird dann wirklich gut und richtig gemacht. Es fällt sehr schwer, einer 4 beizustehen, denn nur zu gern lehnt sie jede Hilfe und Unterstützung von anderer Seite her ab. Sie sollte wirklich lernen, Hilfe von außen anzunehmen, statt zu denken, alles immer nur alleine tun zu müssen.

Beim Bestellen dreht sich vieles genau um diese beiden Punkte. Wenn die 4 noch mehr ihren Schatten der Ungeduld lebt, dann ist sie den wahren Entwicklungen gedanklich immer schon einen Schritt voraus. Sie hastet durch ihr Leben, ohne wirklich Kontakt zum Hier und Jetzt aufzunehmen. Die 4 ist in dem Fall zu wenig im aktuellen Moment präsent und kann ihn darum nicht richtig wahrnehmen und fühlen. Für diesen Schatten der Ungeduld ist es darum ratsam, Techniken der Achtsamkeit zu erlernen und anzuwenden, die in der Lage sind, die übereifrige 4 auf den Boden der Tatsachen zurückzubringen. Ein Mantra könnte dann sein: »Wenn ich esse, dann esse ich, und wenn ich gehe, dann gehe ich.«

Das zweite Thema beim Bestellen lautet schlicht und ergreifend: Du musst nicht alles alleine tun, gibt dem Universum eine Chance, dir zu helfen! Dies hat vor allem mit dem Aspekt zu tun, bei der Lieferung einer Bestellung oft auf die Mitwirkung anderer angewiesen zu sein. Die 4 als typischer Einzelkämpfer hat aber nur recht wenig Kontakt zu anderen und übersieht darum in ihrer Arbeitswut häufig die Hinweise zu einer möglichen Auslieferung, die sie durch andere Menschen erfahren könnte.

In einer noch stärkeren Form will die Zahl 4 alles aus eigener Kraft erreichen und arbeitet darum meist ganz für sich allein darauf hin, mit der eigenen Hände Arbeit zum Erfolg zu finden. Dabei gibt die 4 dem Universum gar keine Möglichkeit, helfend und erleichternd eingreifen zu können, so gern der Himmel ihr auch zur Seite stehen möchte.

Eine Lösung für dieses zweite Thema kann in der Übung von Dankbarkeit liegen. Eine 4 sollte damit anfangen, danke zu sagen für alles, was ihr an Hilfe und Unterstützung jeden Tag durch andere Menschen wie auch durch das Universum entgegengebracht wird. Denn sie denkt nicht nur, alles allein tun zu müssen. Nein, sie glaubt in ihrem Arbeitswahn wirklich, sie täte alles nur allein. Darum wäre es sehr hilfreich, ab und zu den Blick zu heben, um den vielen Freunden und Helfern im Leben hin und wieder danke zu sagen.

Bestelltyp: Der Erschaffer

Mein Tipp an dich: Um deine Ungeduld in den Griff zu bekommen, kann es dir sicher helfen, dich manchmal ganz auf das Hier und Jetzt zu konzentrieren. Ich empfehle dazu das Kochen, selbst wenn du während der langen Arbeitswoche nur am Wochenende dazu kommst. Nimm dir Zeit, etwa um dir einen Salat zu machen. Wasche die Zutaten unter dem Wasserhahn und spüre das Wasser auf deiner Haut. Rieche an den Tomaten, den Gurken und dem Salatkopf. Fühle, wie die einzelnen Zutaten sich anfühlen. Sei ganz sorgfältig beim Schneiden und Anrichten. Wenn du fertig bist, sei genauso achtsam beim Verspeisen dieses Gerichts. Nimm dir Zeit, lass dich nicht ablenken und genieße jeden Bissen. Räume anschließend ganz in Ruhe den Tisch ab und räume die Küche auf. Wie geht es dir dabei? Für den zweiten Punkt, die Dankbarkeit, ist es ratsam, einige Tage oder Wochen ein Dankbarkeitstagebuch zu führen. Lasse dazu am besten am Abend vor dem Einschlafen deinen Tag Revue passieren und schreibe dir auf, für was du heute dankbar sein könntest. Wer hat dir geholfen, was ist alles Gutes und Nettes geschehen, für das du nun dankbar sein kannst. Schließe dein Auto oder das Verkehrsmittel ein, mit dem du zur Arbeit gefahren bist. Sei dankbar für deinen Körper, der dich durch dein Leben trägt, und für alle Gegenstände deines Alltags, die dir geholfen haben, dein Tagwerk zu vollbringen. Finde jeden Tag etwas Neues, für das du dankbar sein kannst.

Die Lebenszahl 5:
Freiheitliches Streben

Knüpfen wir bei der letzten Zahl an, dann ist die Lebenszahl 4 voll und ganz mit ihrem weltlichen Erfolg beschäftigt, und wie schon so oft, wenn wir von einer Lebenszahl zur nächsthöheren wechseln, findet dabei eine sehr gegensätzliche Wendung in eine neue Richtung statt. Beim Wechsel der Zahl 4 zur Lebenszahl 5 gehen wir von der Betrachtung von außen nach innen. Nach der intensiven Auseinandersetzung mit der äußeren Welt (Zahl 4) kommt nun die Konzentration auf unser Inneres, um unsere Mitte und unser Zentrum zu finden (Zahl 5).

Die Zahl 4 kann sich in ihren vielen Tätigkeiten schier verlieren, so dass die 5 einen tieferen Sinn hinter all diesen Tätigkeiten suchen möchte. Die 4 ist sehr ehrgeizig und will viel erreichen, die 5 lenkt diesen Enthusiasmus nun nach innen, um innerlich frei zu werden.

Die 5 strebt nach Freiheit, alles soll leicht und frei sein und darum hadert sie oft mit Eltern, Chefs oder Konventionen, die sie disziplinieren möchten. Im Schatten lehnt sie jede Form von Disziplin ab, aber nur, um im Licht dann für sich selbst eine angemessene Form von Selbstdisziplin entwickeln zu können. Um in den eigenen Kern zu finden, um das seelische Zentrum zu entdecken, braucht es nun einmal eine bestimmte Form von Praxis, die wiederum Disziplin voraussetzt.

Beim Bestellen liegt der Schatten bei der Zahl 5 darin, leicht wie ein Schmetterling heute dies zu mögen und morgen wieder etwas anderes vorzuziehen. Die 5 ist leicht zu begeistern, genauso schnell erlischt der Funke der Begeisterung aber auch jedes Mal wieder. Darum gibt diese Zahl zwar oft zahlreiche, aber zu kleine Wunschimpulse ohne viel Kraft in den Kosmos, die nur wenig Energie mitbringen und darum ungehört bleiben vom Universum.

Im Licht und mit ein wenig Disziplin vermag es diese Zahl aber, Kontakt zu ihrem Zentrum aufzubauen und im Herzen mit ihrem Gefühl und dem Universum in Verbindung zu stehen. Sie gewinnt dabei mehr seelische Tiefe und findet immer mehr heraus, was ihre wahren Herzenswünsche sind. Bestellungen, die aus dem Herzen kommen, haben viel mehr Kraft und wirken darum sehr viel stärker, da sie mit mehr Liebe aufgeladen sind.

Für die Zahl 5 ist es darum wichtig, eine bestimmte Art von Übung zur seelischen Festigung regelmäßig zu praktizieren, am besten jeden Tag. Ja, dies fällt ihr ganz besonders schwer, bringt ihr aber den größten Nutzen. Jede Form, Verbindung zum eigenen Herzen aufzunehmen, gibt der Zahl 5 Halt und ein Zentrum, um sich über ihre geheimsten Wünsche immer klarer zu werden. Die Herzenstechnik des hawaiianischen Ho'oponopono könnte ein guter Weg sein, ebenso aber auch jede andere Übung, die dich ins Fühlen bringt.

*Archetyp: Der Suchende, der die Tiefe der
menschlichen Seele erforscht.*

Mein Tipp an dich: Als gangbaren Einstieg in eine für dich taugliche Form der Kontemplation möchte ich dir die Gehmeditation vorschlagen, die aus dem Buddhismus stammt. Ich selbst habe ebenfalls so einen ersten Zugang zum Meditieren gefunden. Du kannst beim Gehen sehr einfach in einen meditativen Zustand gelangen und musst dabei zum Glück nicht stillsitzen. Dazu sagst du beim Gehen einfach innerlich »ich atme aus«, wenn du einen Schritt nach vorn tust. Und »ich atme ein«, wenn du das andere Bein dann nachziehst. Atme aus, wenn du nach vorn gehst, und atme ein, wenn du das zweite Bein dann ebenfalls nach vorn bringst. Am besten übst du dazu ein wenig im Wohnzimmer und gehst dazu im Kreis. Es entsteht automatisch ein langsames Schreiten dabei, bei dem du bewusst jeden Schritt setzt und ihn mit deinem Atmen begleitest. Übe die Gehmeditation spielerisch ein und achte darauf, wie sich deine innere Haltung verändert. Wie geht es dir dabei? Nutze diese Übung beispielsweise am Abend, um besser und schneller einschlafen zu können.

Die Lebenszahl 6:
Analytisches Verstehen

Mit der Zahl 5 hat die Suche nach einem inneren Zentrum begonnen, und die Zahl 6 geht dieser Frage nun intensiver nach. Ja, man könnte sagen, die 6 widmet sich dieser Suche ganz und macht sie zu ihrer Herzensangelegenheit. Von ihrer Prägung her geht sie dabei sehr genau und analytisch vor, sie hat für alles einen Blick und sieht einfach, wo etwas besser sein könnte und wie die vorhandenen Möglichkeiten besser genutzt werden könnten.

Im Schatten gelebt, verliert sich die Lebenszahl 6 bei dieser Suche nach dem Richtigen und Perfekten im Detail. Immer und immer wieder findet sich noch eine Verbesserungsmöglichkeit, und dann kann es geschehen, dass diese Zahl eine Arbeit oder ein Projekt einfach immer länger hinauszögert und nie zu Ende bringt. Im Licht gelingt es der 6 stattdessen, noch so widrige Umstände auf einen Blick zu erfassen, bestmöglich zu analysieren und das angestrebte Ziel trotzdem zu erreichen. Kaum eine Zahl ist so ausgiebig mit Verstand gesegnet wie die Zahl 6, Klugheit und Präzision wurden ihr in die Wiege gelegt.

Wie so oft ist auch hier das größte Licht mit dem größten Schatten verbunden. Gern treibt die Lebenszahl 6 ihren Hang zur analytischen Betrachtung nämlich zu weit und vertraut nur noch ihrem Verstand. Verstehen und begreifen finden jedoch nur in unserem Kopf statt, und die große Gefahr besteht darin, die Verbindung zu unserem Herzen zu verlieren. Hier liegt aber unser seelisches Zentrum und hier sollten wir darum auch suchen, wenn wir zu uns selbst finden und unseren Kern entdecken möchten. »Herz öffnen statt Kopf zerbrechen«, könnte das Motto der Zahl 6 lauten.

Denn gerade diese verstandesbetonte Zahl 6 hat auf der anderen Seite das Potenzial, sich mit dem Herzen zu verbinden und hier eine ganz neue Erfahrung zu machen. Später vermag sie darüber hinaus sogar ein Gefühl der Verbindung zu allem, was ist, in sich aufzubauen. Die Zahl 6 ist hier, um im besten Sinne »den Verstand zu verlieren«

und dabei wirklich zu lernen, sich selbst und andere lieben und annehmen zu können, wie sie nun einmal sind.

Das große Thema beim Bestellen hat natürlich damit zu tun. Die Zahl 6 greift darauf zurück, was bei der Zahl 3 schon begonnen hat: die Kraft der Gefühle ist sehr wesentlich beim Wünschen. Der Verstand ist wichtig, um ein klares Ziel bei der Bestellung vorzugeben, die Kraft, um den Wunsch dann zu verwirklichen, entspringt aber unseren Gefühlen. Liebe und Dankbarkeit sind dabei die besten Motoren. Wenn eine Zahl 6 aber zu sehr im Kopf verharrt und dort nach Antworten sucht, die dort nicht zu finden sind, dann trennt sie sich unmittelbar immer wieder von der Kraft des Herzens und der Liebe. Die Liebe stellt jedoch die Verbindung zum Universum her, und nur auf diese Art kann unser Wunsch überhaupt gehört werden.

Ich möchte sogar so weit gehen zu sagen, dass unser Verstand die Größe und die wahre Dimension des Universums wahrscheinlich nie wirklich begreifen kann. Es leuchtet sicher ein, Gottes Wege sind unergründlich und sie werden unserem beschränkten Geist vielleicht ewig ein Rätsel bleiben. Der Verstand stößt hier an seine ganz natürliche Grenze, er begreift dann notwendigerweise auch eine Bestellung im Raum der unbegrenzten Möglichkeiten nicht und kann sie darum gar nicht zulassen. Ein zu großer Verstand ist darum der größte Verhinderer beim Wünschen.

Unter der Zahl 6, die noch ihren Schatten lebt, sind darum die größten Skeptiker zu finden, die das Bestellen von vorneherein ablehnen, da sie es nicht verstehen können oder wollen. In ihrem Schwarz-Weiß-Denken lehnt die 6 sehr vieles ab, was »über ihren Verstand geht«; ihr Verstand baut sozusagen Mauern aus Ablehnung, die die Lieferung der Wünsche abblocken. Da kann sich das Universum so viel Mühe geben, wie es will.

Findet die Zahl 6 jedoch ins Herz, bringt sie ihre Anlagen ins Licht und lernt, sich selbst und andere zu lieben und zu akzeptieren. Und je mehr diese Liebe wächst, umso besser gelingen dann selbstverständlich auch die Bestellungen. Die Mauern zum Universum werden abgebaut und die Verbindung wird immer besser.

Archetyp: Der Barmherzige

Mein Tipp an dich: Für die Lebenszahl 6 ist das Bewerten und Beurteilen ein so natürlicher Reflex, dass es ihr oftmals schon gar nicht mehr bewusst ist. Das Analysieren ist ein starker Wesenszug bei ihr. Warum also nutzen wir diese besondere Fähigkeit nicht einfach, um mit ihr den Weg hin zu mehr Liebe zu ebnen? Beginne damit, dir eine Liste von allem zu machen, was dich in deinem Leben stört und was du ablehnst. Schreibe alles auf, was dich nervt, was du kritisierst und was deiner Meinung nach alles anders sein sollte. Damit machst du dir eine klare Bestandsaufnahme der Dinge, die du ablehnst. Als zweiten Schritt lege bitte beide Hände auf dein Herz, schließe deine Augen und verbinde dich so mit der Liebe in deinem Herzen. Spüre, wie die Wärme in deinen Händen wächst und in deinem Körper aufsteigt. Denke nun an jeden Punkt deiner Liste und stell dir vor, ihn einzeln in dein Herz zu nehmen und mit der Wärme zu verbinden. Was geschieht dabei in dir, was spürst du? Mach vielleicht, wenn du Freude hast, ein kleines Abendritual daraus, die Dinge, die dich stören, immer wieder mit der Liebe in deinem Herzen zu verbinden.

Die Lebenszahl 7:
Verletzliche Intuition

Wenn mit der Zahl 6 der Kontakt zum Herzen geschlossen wird, dann baut die Zahl 7 diese Verbindung nun weiter aus. Die Zahl 6 soll lernen, den Verstand im besten Sinne zu verlieren, und die Zahl 7 soll nun ganz folgerichtig lernen, statt des Verstandes immer mehr ihrer Intuition und ihrem Feingefühl zu vertrauen.

Menschen mit der Lebenszahl 7 haben vieles mit der Zahl 3 gemeinsam. Die 3 soll lernen, Gefühle ernst zu nehmen und sie mehr zu zeigen. Die Zahl 7 geht nun eine Ebene weiter und soll ihr Feingefühl und ihre Intuition ernster nehmen und ihr mehr vertrauen. Wenn die Zahl 3 sehr scheu ist, sich und ihre Gefühle auszudrücken, so ist die Zahl 7 dies noch viel mehr, da sie noch viel empfindsamer und damit noch verletzlicher ist.

Ähnlich wie die Zahl 6 entwickelt die 7 einen scharfen Verstand. Bei der Zahl 6 aber ist die Triebfeder, die Welt ganz genau untersuchen und kennenlernen zu wollen. Die Zahl 7 versucht, durch ihre Schlauheit auszuloten, was in Zukunft auf sie zukommen könnte, um sich vor den hier versteckten Gefahren zu schützen. Wie bei der Zahl 6 besteht auch bei der Zahl 7 die Gefahr, durch zu viel Kopfarbeit keine wirkliche Verbindung zum Herzen entstehen zu lassen. Die Stimme des Herzens ist so leise, dass der laute Verstand sie ständig übertönt.

Beim Bestellen ist unsere Intuition der beste Zugang zum Universum, wenn es uns durch versteckte Hinweise zu unserer Wunscherfüllung bringen möchte. Es braucht eine große Offenheit im Verstand, um die ungeahnten Möglichkeiten des Himmels nicht zu übersehen und so den Lieferboten nicht zu verpassen. Die 7 ist dazu in der Lage, die bestmögliche Verbindung zum Universum aufzubauen, wenn sie im Herzen ist und der inneren Stimme vertraut, die sie dort hören kann.

Die Verletzlichkeit, die mit dieser Empfindsamkeit einhergeht, ist die größte Hürde für die 7, wenn sie werden möchte, was sie wirklich ist. Dieses Feingefühl birgt für die 7 sowohl Licht wie auch Schatten. Einerseits stellt es ihr größtes Potenzial dar, andererseits neigt sie dazu, sich nach außen zu verhärten und zu verschließen, um der rauen Wirklichkeit weniger ausgeliefert zu sein. Wenn die Zahl 6 lernen sollte, die Mauern ihrer Ablehnungen immer weiter abzureißen, dann ist die Aufgabe für die Zahl 7 mindestens ebenso schwer: sich für die Umstände des Lebens zu öffnen und sie zu akzeptieren.

Lieben zu lernen war schon für die etwas robustere Zahl 6 eine große Aufgabe, für die feinere Zahl 7 ist es sogar noch schwieriger. Ein Lebensthema der Zahl 7 ist es, ihre große Verletzlichkeit zu akzeptieren und die Verantwortung dafür zu übernehmen. Ein Mantra für die zarte Zahl 7 könnte darum sein: »Es ist meine Verletzlichkeit und damit meine eigene Verantwortung.« Sonst wird sie leicht zum Opfer und gibt anderen die Schuld. In einer Opferhaltung, in der sie permanent anderen die Schuld zuweist, ist die Zahl 7 jedoch himmelweit von Gefühlen wie Liebe und Dankbarkeit entfernt. Und dann haben die Bestellungen einfach keine Kraft und misslingen immer wieder.

Eine große Fähigkeit ist außerdem noch in der Empfindsamkeit der Zahl 7 verborgen: Sie versteht die Stimme ihres Herzens und ist so in der Lage, die eigenen Herzenswünsche wahrzunehmen und ihnen zu folgen. Wünsche, die dem Herzen entspringen, werden nur zu gern übersehen, können aber sehr rasch in Erfüllung gehen. Im Herzen verschmilzt die innere Stimme mit der des Universums, und man ist sich manchmal gar nicht mehr so sicher – war es nun mein eigener Wunsch oder der Wunsch des Universums?

Archetyp: Der Feinfühlige

Mein Tipp an dich: In deiner Sensibilität ist dein Potenzial verborgen. Um es besser nutzen zu können, übernimm bitte die Verantwortung dafür. Wenn du in nächster Zeit das Gefühl hast, von einem anderen verletzt worden zu sein, dann sage dir immer wieder: »Meine Verletzlichkeit ist meine Verantwortung.« Das fällt dir am Anfang sicher zunächst schwer, gelingt dir mit der Zeit aber bestimmt immer leichter. Schaue begleitend, was du für dich tun kannst, wenn du dich verletzt fühlst und in die Opferrolle schlüpfen willst. Halte die Momente ganz bewusst immer mehr aus, in denen du bisher am liebsten davongelaufen wärst, etwa bei einem kleinen Streit mit anderen. Du weitest deine Komfortzone dabei immer weiter aus und stellst dich mehr deinen Herausforderungen. Du bist stärker, als du denkst!

Um deine Intuition zu schulen, beginne auch hier am besten ganz spielerisch. Gehe ein wenig in dich und suche nach dem nächsten Impuls. Frage dich: Was sollte ich jetzt als Nächstes tun? Und dann höre auf deine innere Stimme der Intuition. Was möchte sie dir sagen? Vielleicht bekommst du den Input, bei deiner besten Freundin anzurufen. Vielleicht ruft deine innere Stimme dich nach draußen, in die Natur? Folge der inneren Stimme immer öfter und du wirst überrascht sein, auf welche neuen Wege sie dich führt!

Die Lebenszahl 8:
Charismatische Kraft

Die Zahl 7 erhält durch ihre Intuition einen Einblick in die Zusammenhänge des Universums und erkennt, dass es eine sichtbare und eine unsichtbare Welt gibt. Die sichtbare Welt kann weitgehend mit dem Intellekt erfasst und verstanden werden, und die unsichtbare Welt ist erst erfahrbar durch unsere feineren Sinne und unser Gefühl.

Bei der Zahl 8 laufen nun diese beiden Wirkkräfte des Universums in sich zusammen, die Kraft des Geistes wie die der Emotionen. Die 8 ist wie keine andere Zahl beseelt davon, diese inneren Triebkräfte des Kosmos zu verstehen und sich dienstbar zu machen. Dem ewigen »Stirb und werde«, dem alles Leben dieser Erde unterliegt, gilt ihr besonderes Interesse, gleicht es doch dem magischen »Solve et Coagula« der Alchemisten des Mittelalters, dem ständigen Auflösen und Wiedervereinigen, um die Essenz der Stoffe herauszufiltern. Nur scheinbar suchten die Alchemisten dabei nach materiellem Gold, vielmehr strebten sie nach dem »Gold der Seele« des Menschen. Der scheinbar auf die Materie bezogene Reinigungsprozess betraf vielmehr den Menschen selbst und strebte danach, ihn zu vervollkommnen und in seine wahre Kraft zu bringen. Daher geht es beim Bestellen für die Zahl 8 darum, in die eigene Kraft und Macht zu finden. Das Wünschen und die dahinter verborgene Magie sind genau die Sache der Zahl 8, will sie doch alles über die hier wirkenden Urkräfte erfahren.

Die Zahl 8 kann eine starke Ausstrahlung und ein großes Charisma entwickeln, da sie die Wirkkräfte des Universums unbewusst kennt und nutzen kann. Wenn es bei der Zahl 3 um die Entdeckung der Gefühle ging und welche Wirkung es haben kann, Gefühle auszudrücken, dann geht es bei der Zahl 8 um die Potenzierung dieser Wirkung, wenn Gefühl und Geisteskraft in ihrer Wirkung zusammenfinden. Die 8 ist darum zusammengesetzt aus einer 3 und einer zweiten, die umgedreht wird und mit der ersten 3 zur 8 verschmilzt. Sichtbare und unsichtbare Welt finden in ihr zusammen, Gefühl und Verstand werden bestmöglich verbunden.

Bei den Bestellungen beim Universum geht es vor allem um eines: Man muss an sie glauben. Um an die Tür zu klopfen, hinter der die Kräfte und Mächte des Universums schlummern und auf uns warten, braucht es die Bereitschaft, diese Möglichkeit in Erwägung zu ziehen und es einfach mal zu tun. Wünsch es dir doch einfach! Und im spielerischen Miteinander der Wirkkräfte lernst du dann immer besser, wie das Bestellen funktioniert.

Bei der Zahl 8 ist dieser Glaube an die ungeahnten Möglichkeiten der Dreh- und Angelpunkt. Im Schatten glauben diese Menschen noch nicht, weder an sich selbst noch an ihre Kraft noch an die vielfältigen Möglichkeiten des Universums. Durch ihren falschen Glauben verbauen sie sich zunächst sehr das eigene Glück, und sie müssen lernen, diese alten Denk- und Glaubensmuster zu durchbrechen und davon frei zu werden. Dann aber hat keine andere Zahl solch eine Zauberkraft in sich, die Magie ist von der Zahl 8 erfunden worden!

Im Licht gelebt sind dieser Lebenszahl die Wirkmechanismen des Universums bestens bekannt und sie nutzt die verborgene Macht für sich und zum Wohle aller. Sie entwickelt einen gesunden Glauben an sich selbst und blickt optimistisch in eine Zukunft, die nur darauf wartet, von ihr gestaltet zu werden.

Archetyp: Der Magier

Mein Tipp an dich: Entdecke die Kraft deiner Gedanken und beginne dabei ganz bescheiden und klein. Oft neigt die Lebenszahl 8 nämlich dazu, ihre Wünsche zu groß aufzugeben, ist dann rasch enttäuscht, wenn die Lieferung ausbleibt, und glaubt fortan nicht mehr an das Bestellen. Wünsche dir darum zunächst kleine Geschenke vom Universum: den Parkplatz ganz in der Nähe, wenn du eine Freundin besuchst. Ein nettes Gespräch mit einem Kollegen. Ein kleines Lob von deinem Chef. Denke zunächst so klein wie möglich und registriere jeden noch so winzigen erfüllten Wunsch. Lege dir dazu gern ein Wunschtagebuch zu, in dem du deine Bestellungen aufschreibst und nachverfolgst, wann sie geliefert wurden. Feiere jeden noch so kleinen Erfolg! Denk daran, es geht nur darum, was du zu glauben vermagst, was in deinen Glauben, dein Weltbild passt. Erweitere deine Vorstellung davon, was bei den Bestellungen machbar und möglich ist, durch die kleinen erfüllten Wünsche immer mehr.

Schritt für Schritt wirst du dabei in deinen Glauben hineinwachsen.

Die Lebenszahl 9:
Lebendige Weisheit

Mit der Lebenszahl 9 kommen wir nun endlich zur Zahl mit dem höchsten Zahlenwert der Reihe 1 bis 9 und damit auch zur am weitesten entwickelten Sichtweise auf die Welt und das Bestellen beim Universum. Die Zahl 8 hat sich mit den Mechanismen des Kosmos bekannt gemacht und weiß sie gut zu nutzen. Die Zahl 9 geht nun noch einen letzten Schritt weiter und gibt diese Erkenntnisse an andere Menschen weiter. Denn Weisheit bedeutet nicht nur, etwas zu wissen, sondern man verfügt darüber hinaus über Mittel und Wege, diese Erkenntnisse so zu vermitteln, dass sie beim Zuhörer auf fruchtbaren Boden fallen.

Die 9 gleicht damit einem Sämann, der seine Weisheit wie ein guter Bauer in das Wesen seiner Schüler zu pflanzen versteht, so dass sie überall Wurzeln schlagen können. Und dies ist sehr individuell, da jeder Mensch anders ist und eine besondere Art der Wissensvermittlung benötigt.

Darum verfügt die Zahl 9 über ein breites Wissen über die menschliche Natur. Sie hat den Überblick über die Eigenheiten aller vor ihr liegenden Zahlen, integriert sie in sich und macht sie sich zunutze. Sie hat durch ihre Suche nach Weisheit hohe ethische und moralische Prinzipien entwickelt und versucht, ihnen gemäß zu leben. Damit wird sie zu einem echten Vorbild für viele andere, die ihr nachstreben.

Das große Thema beim Bestellen ist eng damit verbunden. Die Zahl 9 hat den Anspruch, den Menschen zum Vorbild, zum Ideal machen zu wollen. In ihrer nach Vollkommenheit strebenden Sichtweise kann es leicht geschehen, dass sie Ziele und Ideale in ihrem Kopf entwickelt und sich dann herbeiwünscht, die leider nur Konstrukte ihres Verstandes sind, die so nicht erfüllbar und erst recht nicht vom Universum lieferbar sind.

Alles in unserer irdischen Realität hat Licht und Schatten, und erst in diesem Ränkespiel von Yin und Yang kann sich das Leben, wie wir es kennen, richtig entfalten. Alles, auch wir selbst, hat Unvollkommenheiten und Mängel, und die kann man mit einer Bestellung beim Universum leider nicht »wegwünschen«. Dem Universum sind dabei die Hände gebunden. Wunder sind möglich, ja ganz bestimmt, aber Perfektion ohne Makel ist weder bei Partnern noch im Job noch sonst wo zu finden. Und darum kann das Universum so etwas einfach nicht liefern.

Die Zahl 9 als geistig gestimmte Lebenszahl lernt beim Bestellen darum mitunter sehr schmerzlich, dass ihre Ideale eben nur Konstrukte des eigenen Verstandes sind, die in der realen Welt niemals so perfekt umzusetzen sind, wie sie erdacht wurden.

Der Schlüssel zum persönlichen Glück liegt (und das nicht nur für die Lebenszahl 9, sondern ganz allgemein) darin, diese Grundregel des Universums so zu akzeptieren, wie sie nun einmal ist. Vollkommen sind wir selbst ebenfalls nicht, wie sollte also (bleiben wir beim Bild des Sämannes) aus etwas Unvollkommenem etwas Ideales erwachsen können?

Mit der Zahl 9 nähern wir uns der Weisheit und darum auch der höchsten Stufe des Bestellens. Bärbel schrieb dazu schon in ihrem ersten Buch »Bestellungen beim Universum«, die größte Fähigkeit zum Bestellen resultiert aus der vollkommenen Akzeptanz dessen, was gerade geschieht. Akzeptanz ist dabei jedoch nur ein anderes Wort für Liebe, so dass die Zahl 9 uns dazu auffordert, das Universum und seine Möglichkeiten selbst dann noch anzunehmen, wenn es einmal nicht liefert, was wir uns bestellt haben. Weil es in sich diesen nicht idealen Kern von Licht und Schatten trägt, den wir nur akzeptieren, aber nicht wegwünschen können.

In der Reihe der Zahlen 3 – 6 – 9 stellt die 9 damit eine Art Vollendung dar. Da sich die neun Zahlen auch als 3 mal 3 darstellen lassen, endet mit jeder dieser Zahlen eine der drei Dreierreihen 123, 456 und 789.

3, 6 und 9 kommt damit eine besondere Bedeutung zu. Die 3 hat uns den Zugang zu unseren Gefühlen vermittelt, bei der Zahl 6 ging es darum, andere wie uns selbst anzunehmen und zu lieben. Die Zahl 9 stellt uns nun vor die Herausforderung, diese Liebe auch auf das Universum und die Welt um uns herum auszudehnen und alles so zu akzeptieren, wie es nun einmal ist.

Archetyp: Der Guru

Mein Tipp an dich: Mach dir doch einmal die Mühe und bilde Paare von Gegenteilen. Suche dabei möglichst viele und beginne bei Licht und Schatten, hell und dunkel und positiv und negativ. Welche Paarungen findest du noch? Frau und Mann, Sonne und Regen, oben und unten, links und rechts. Was fällt dir noch ein? Es gibt einen guten Grund, warum unsere Dualität aus Paaren von Gegensätzen aufgebaut ist. Heraklit, der griechische Philosoph, hat den Begriff »panta rhei« geprägt, alles fließt. Für ihn war der Ablauf der Geschehnisse, die in unserem Leben passieren, von diesem Fließen geprägt, in dem sich die scheinbaren Gegensätze ausgleichen und ineinander übergehen. Für ihn waren die in unserer Realität vorzufindenden Gegensätze nur Teile derselben Medaille, die sich gegenseitig bedingen – ohne Licht wäre kein Schatten möglich. Im Yin/Yang-Symbol ist darum eine Welle zwischen dem Schwarz und dem Weiß gezeichnet, die diese ständige und ewige Bewegung beschreiben soll, die nur innerhalb der Polaritäten dieser dualen Welt stattfinden kann. So wie nur zwischen Plus- und Minuspol ein Strom fließen kann, so fließt zwischen allen Paaren von Gegenteilen ständig eine ausgleichende Kraft und erzeugt dabei stetig eine Veränderung, die immer neue Geschehnisse bewirkt. Ja, diese Welt ist nicht ideal, doch genau so ist die ewige Veränderung im Fluss des Lebens möglich.

Hier zum Abschluss dieses Kapitels noch einmal alle Themen der Lebenszahlen beim Bestellen beim Universum als Übersicht:

Lebenszahl 1:
Lerne die geistigen Kräfte des Universums Schritt für Schritt kennen.
Lerne, mit deiner Lebensenergie umzugehen und nutze sie bestmöglich für dich!
Bestelltyp: Der Erneuerer und Erfinder

Lebenszahl 2:
Liebe dich selbst, und das Universum
öffnet dir seine Tore.
Lerne, deine Liebe für dich selbst zu entwickeln,
um den inneren Mangel zu füllen.
Bestelltyp: Der Soziale

Lebenszahl 3:
Mach dir die Rolle der Gefühle
beim Bestellen klar.
Entdecke die Kraft deiner Gefühle
und drücke sie aus.
Bestelltyp: Der, der die Herzen berührt

Lebenszahl 4:
Werde achtsam, geduldig und übe dich
in Dankbarkeit.
Lerne, dir von anderen helfen zu lassen,
du musst nicht alles alleine tun.
Bestelltyp: Der Erschaffer

Lebenszahl 5:
Nimm Verbindung zu deinem Zentrum
und deinem Herzen auf.
Finde deine innere Mitte und entdecke
deinen Herzenswunsch.
Bestelltyp: Der Suchende

Lebenszahl 6:
Lerne zu lieben und verliere in bester Weise
deinen Verstand.
Ablehnungen sind unbewusste Bestellungen,
lerne darum zu akzeptieren.
Bestelltyp: Der Barmherzige

Lebenszahl 7:
Höre intuitiv auf die Stimme deines Herzens.
Die innere Stimme verrät dir, wo die Lieferung
auf dich wartet.
Bestelltyp: Der Feinfühlige

Lebenszahl 8:
Glaube an dich, vertraue dem Universum.
Lerne die Wirkkräfte des Universums kennen
und nutze sie.
Bestelltyp: Der Magier

Lebenszahl 9:
Nimm alles an, akzeptiere es so, wie es ist.
Lerne: Die Dualität besteht aus Licht und Schatten
und kann keine Ideale liefern.
Bestelltyp: Der Guru.

Kapitel 5

Dein Sternzeichen und seine Eigenschaften

Nachdem du jetzt die neun Lebenszahlen kennst, widmen wir uns den 12 Sternzeichen. Zuerst betrachten wir die Sternzeichen und ihre Charakteristiken etwas genauer und im Anschluss daran gehen wir jedes Zeichen betreffend seiner Besonderheiten durch, was das Bestellen angeht. Lies dir darum zuerst dein Sternzeichen hier in seinen wesentlichen Eigenheiten durch, um zu erfahren, wie es allgemein gestrickt ist und mit welchen Fähigkeiten und Schwächen es gesegnet ist. Hier gebe ich dir Hinweise, wie du deinen Schatten erkennst und wie du ihn verwandeln und akzeptieren kannst. Im folgenden Kapitel schauen wir uns auf dieser Grundlage dann die Art und Weise an, wie dein Sternzeichen an das Bestellen beim Universum herangeht.

Zur Astrologie gibt es eine Vielzahl von Literatur mit den unterschiedlichsten Sichtweisen, wie die Konstellation der Sterne zum Geburtszeitpunkt interpretiert werden kann. Die für mich wichtigsten davon habe ich in einer kleinen Liste im Anhang für dich zusammengestellt (s. Literaturhinweis). Vielleicht kannst du dich selbst, wie ich sehr hoffe, in der Beschreibung deines Zeichens gut wiedererkennen und willst dann etwas tiefer in die Materie eintauchen. Dazu soll diese Auflistung vor allem dienen.

Wenn aber für dich die Beschreibung deines Sternzeichens eher weniger zutreffend ist, dann kann dies oft durch eine genauere Betrachtung des Horoskops erklärt werden. Eine meiner besten Freundinnen hat zwar die Sonne im Skorpion, aber gleich sechs andere Planeten im siebten Haus in der Waage, was ihr eine deutliche Färbung mehr zur Waage hin gibt. Ich habe auch festgestellt, dass ein Geburtszeitpunkt rund um die Übergänge zwischen den einzelnen Sternzeichen dazu führt, der Persönlichkeit einen großen Anteil des angrenzenden Zeichens mitzugeben. Ein früher Widder, der zwischen dem 21. und 24. März geboren wird, hat deshalb oft einiges vom vorhergehenden Zeichen Fische in sich, und ein späterer Vertreter des Widders mit einem Geburtszeitpunkt zwischen dem 17. und 20. April hat stattdessen bereits manche Züge des folgenden Zeichens Stier. Genauso lohnt es sich, bei der Lebenszahl einmal in die angrenzenden Zahlen zu schauen, sollte man an diesem Tag sehr früh (kurz nach 0 Uhr) oder sehr spät (kurz vor 24 Uhr) geboren sein. Die Persönlichkeit kann dann auch Züge der angrenzenden Zahlen tragen.

Was ich damit sagen möchte: Bitte lege die Beschreibung der Charakterzüge der Sternzeichen nicht auf die Goldwaage. Mir geht es hier mehr darum, die verschiedenen Persönlichkeitszüge der 12 Tierkreiszeichen so darzustellen, dass du dich darin möglichst gut wiederfindest. Du kennst dich selbst am besten und findest hier hoffentlich manches Wissenswerte, wie du in deinen persönlichen Licht- und Schattenaspekten gestrickt bist. Wenn du dich also besser bei einem anderen Sternzeichen beschrieben fühlst, dann ist dies ganz wunderbar und freut mich sehr. Es ist also durchaus lohnenswert, wenn du dich jetzt einmal mit allen 12 Sternzeichen beschäftigst.

Hier zunächst alle Tierkreiszeichen in ihren positiven und negativen Eigenschaften. Zu jedem dieser Zeichen gebe ich dir ihre besondere Begabung wie auch ihre spezielle Herausforderung an.

Sternzeichen Widder (21.03. bis 20.04.)

Positive Verhaltensweisen,
Widder in seiner bewussten, reifen Form:
- – energiegeladen
- – durchsetzungsfähig
- – abenteuerlustig
- – unabhängig
- – selbstbewusst
- – mutig
- – direkt

Negative Verhaltensweisen,
Widder in seiner unbewussten, unerlösten Form:
- – impulsiv
- – selbstbezogen
- – egoistisch
- – ungeduldig
- – aggressiv
- – neidisch

Der Planet Mars ist es, der für das Sternzeichen Widder zuständig ist, und vieles am Verhalten des Widders wird verständlicher, wenn man sich die Mythologie dieses Planeten betrachtet. Mars ist ein Kriegsgott, und darum macht der Widder gern jedes Geschehen zu einer Art von Kampf. Im sportlichen Wettstreit wie im beruflichen Umfeld, immer geht es dem Widder darum, eine Form von Kampf zu wittern, die er natürlich zu gewinnen sucht. Dies kann bedeuten, im Wettlauf der Erste zu werden, den meisten Umsatz zu machen oder auf der Karriereleiter am schnellsten nach oben zu klettern – die Möglichkeiten, aus allem einen Wettbewerb zu machen, sind für den Widder zahllos.

Wenn dem Widder dieser Selbstzweck genommen wird, dann hat er natürlich ein echtes Problem. Wohin nun mit seiner Abenteuerlust, wogegen richtet er, ganz der Eroberer, nun sein Schwert? Gut kann es dann vorkommen, dass er seine Energie gegen nicht vorhandene Feinde und Widerstände richtet, Scheingefechte führt, die dem unvoreingenommenen Beobachter vollkommen unnötig erscheinen. Dem Widder ist dies egal, denn nur noch eines wäre schlimmer: das Nichtstun, die Langeweile, wenn er die Hände in den Schoß legen würde. Lieber gibt er also immer und überall Vollgas.

Was der Widder am dringendsten braucht, ist darum ein Ziel. Am besten ein großes und weit entferntes, das er dann schnellstmöglich zu erreichen sucht. Immer ein neues Ziel zu haben, behütet ihn vor allem davor, statisch zu werden. Er braucht das Gefühl, ständig in Bewegung zu sein, und dies betrifft bei ihm Körper und Geist. Er möchte sich körperlich beweisen und austoben, ebenso aber braucht er immer wieder neue geistige Beschäftigungen, die ihn auf Trab halten.

Der Widder ist das erste der Tierkreiszeichen und kann darum mit dem Frühlingserwachen in Zusammenhang gebracht werden, mit dem er ja zeitlich im Jahr zusammenfällt. So, wie zu dieser Zeit die Natur erwacht und neu beginnt, so besitzt auch der Widder alle Züge des Aufbruchs und des Neuanfangs. Sein Blick ist stetig nach vorn gerichtet, er möchte sich vom Alten lösen und in eine neue, von ihm gestaltete Zukunft gehen. Je mehr Widerstände er dabei zu überwinden hat, umso besser. Wenn es nichts zu kämpfen gäbe, wäre der Sieg nicht so ehrenhaft.

Um den Widder in seinen Partnerschaften besser zu verstehen, muss man seinen Hang nach ständiger Veränderung kennen. Rasch kann es geschehen, dass er sich in einer bestehenden Beziehung einfach nur langweilt, weil alles geregelt ist und gut läuft. Für den Widder ist dies ein klares Zeichen von beginnender Stagnation, und sofort keimt in ihm dann das Gefühl auf, irgendwie eingesperrt zu sein. Schon ist die Gefahr gegeben, dass der Widder aus diesem scheinbaren Käfig ausbrechen will. Typische Widder-Vertreter sind darum Joschka Fischer, Gerhard Schröder oder Lothar Matthäus, die bekannt sind für ihre vielen Eheschließungen.

Damit der Widder in seiner Beziehung glücklich werden kann, braucht er die Abwechslung, damit er immer das Gefühl einer gewissen Verunsicherung hat, denn nur dann hat er immer aufs Neue den Impuls, den Partner wieder neu erobern zu müssen. Überhaupt ist Eroberung das Stichwort: Er möchte seine Energie einsetzen, er möchte ständig um den anderen werben und ihn umschwärmen können, und am besten ist es darum, den Widder immer ein wenig im Ungewissen zu lassen, ob wir ihm unsere Gunst wirklich schenken wollen. Im Mittelalter nannte man dies die Kunst der Minne, der Ritter umwarb die Holdeste mit Gesang und höfischen Ritualen, und genauso möchte heutzutage der Widder seinen Partner immer wieder neu erringen und erobern müssen.

Der Schatten des Widders ergibt sich damit eigentlich von selbst. Er versteht es immer und überall, alles zur Arena seines Kampfes zu machen, dies gelingt ihm selbst bei den banalsten Kleinigkeiten. Dann streitet er sich beim Kauf eines Kleidungsstückes um jeden noch so kleinen Preisnachlass oder rauft sich mit der Nachbarschaft um jede kleinste Bagatelle. Ihm fehlt es dabei am rechten Augenmaß, er könnte seine Kräfte auch für wirklich wichtige Aufgaben aufsparen. Aber nein, Heißsporn, der er nun einmal ist, stürzt er sich voll jugendlichem Ungestüm tapfer in jeden noch so sinnlosen Kampf. Eine gute Freundin lobt ihren Widder-Mann darum jeden Sonntagmorgen aufs Neue: »Toll, mein Held, du warst wieder tapfer in der Bäckerei und hast uns ein paar Brötchen gejagt!« Dies ist genau die Ansprache, die ein Widder versteht.

Doch selbst die größte Kraft findet einmal ein Ende. Der Widder ähnelt in seiner Energieverschwendung dem Hasen im Gleichnis »Hase und Igel«, der so lange zwischen den beiden Igeln hin- und herrennt, bis ihm vollkommen die Puste ausgeht. Ein Widder, der kraftlos in der Ecke liegt, ist aber ein besonders trauriger Anblick. Ihm fehlt seine Lebensenergie ganz besonders, ist sie doch sein Ein und Alles. Er sollte darum reifen und trotz allen Überschwangs mit den Jahren lernen, für was er seinen Heldenmut einsetzt. Nicht alle seine Kämpfe sind wirklich sinnvoll, geht es ihm doch oft nur um den Kampf, um des Kampfes willen.

In seiner Begeisterungsfähigkeit und seinem Optimismus findet der Widder im Tierkreis kaum seinesgleichen. Er will überall etwas in Gang bringen und hat großen Spaß daran, neue Impulse und Ideen durchzusetzen. Damit kann er zum Zugpferd für viele gute Entwicklungen werden, die unsere Erde zum Besseren verändern möchten.

Sternzeichen Stier (21.04. bis 20.05.)

Positive Verhaltensweisen des Stieres
in seiner bewussten, reifen Form:
- zuverlässig
- bodenständig
- geht auf Nummer sicher
- bewahrt und schützt
- gruppenorientiert
- treu
- geduldig
- sinnesfreudig

Negative Verhaltensweisen des Stieres
in seiner unbewussten, unerlösten Form:
- stur und starrköpfig
- zu bequem
- lehnt jede Veränderung ab
- misstrauisch
- gierig
- voller Verlustängste
- eifersüchtig

117

Nun kommen wir zum Stier, dem ersten der Erdzeichen, das dem Widder nachfolgt, der dem Feuer zugehörig war. Feuer und Erde sind als Elemente recht gegenteilig und dort, wo der Widder nach vorn orientiert war und nur seinen Drang zur Veränderung kannte, da möchte der Stier schützen und bewahren. Er ist viel mehr daran interessiert, alles so zu lassen, wie es gerade ist, er mag Veränderungen eher gar nicht. Er ist von Grund auf langsam und bedächtig, wo der Widder mit seiner Energie noch zur Ungeduld neigt.

Der Stier arrangiert sich ganz wunderbar mit dem, was jetzt gerade ist. Praktisch und pragmatisch orientiert, beschäftigt er sich gern mit den Aufgaben des täglichen Lebens und findet genau darin seine Erfüllung. Mit dem geübten Blick für das Machbare wird er seine Erwartungen nicht zu hoch hängen und genügsam mit dem auskommen, was ihm zur Verfügung gestellt wird. Im Stier findet sich darum eine große Liebe zum Leben und zum Moment, den er wie kaum ein anderes Zeichen zu genießen weiß.

Stiere sind so auf das Vorhandene und Übernommene ausgerichtet, dass es ihnen manchmal schwerfällt, neue Wege einzuschlagen. Sie pflegen so sehr das Althergebrachte, dass sie oft lange für ihre eigne Entwicklung und Selbstfindung brauchen. Sie schauen mehr nach unten auf den Boden vor ihren Füßen und es fällt ihnen schwer, den Blick manchmal auch zu heben, um weit nach vorn zu schauen. Dem Stier ist es wichtiger, jetzt sofort etwas zu bewegen, zu bauen und zu produzieren, was dauerhaft und für ihn wie auch für andere wertvoll ist. Er möchte mit seiner Hände Arbeit etwas erreichen, was langfristig Bestand haben soll.

Eine Gefahr liegt beim Stier darin, in seinem Antrieb, das Bestehende zu wahren und zu beschützen, einen Schritt zu weit zu gehen. Dann bezieht er diesen Drang auch auf Meinungen und Ansichten und beharrt darauf, Recht zu haben; er lässt in dem Fall keine andere Meinung neben der eigenen zu. Es mag sein, dass seine unterschwelligen Ängste vor zu großer Veränderung dazu beitragen, auf jeden Fall ist in ihm durchaus ein kleiner Fanatiker versteckt, der nur meint, wirklich realistisch zu sein, wenn er andere Denkweisen grundsätzlich ablehnt. Seine tief in ihm verwurzelte Sturheit kann dann ebenfalls seinen Umgang mit anderen Menschen trüben und ihn voreingenommen machen gegen alles, was über seine vorgefasste Meinung hinausgeht. Er hegt grundsätzliche Vorurteile gegen alles, was anders, fremd oder unbekannt ist und andere Werte durchsetzen will als seine eigenen.

In seinem Hang, alles Bestehende bewahren zu wollen, neigt der Stier darum dazu, zu dogmatisch und geistig unflexibel zu werden. Er kann in seiner Bewunderung für Menschen, die im realen Leben etwas erreicht haben, so weit gehen, dass er deren Werte übernimmt und zu seinen eigenen macht, einfach weil es ihm schwerfällt, einen eigenen Standpunkt in dieser Welt zu finden und zu vertreten. Dies kann ihn anfällig machen, autoritätsgläubig zu werden, besonders bei Menschen, die konservativ aufgestellt sind.

Eine Hilfe kann es darum für den Stier sein, sich über diese versteckte Tendenz klarzuwerden, auf festen Meinungen zu beharren. Es fällt ihm mit seinem großen Sinn für das Machbare schwer, den eigenen Horizont weiterzustecken und Dinge und Sichtweisen mit einzubeziehen, die nicht mit seinen fünf Sinnen zu erfassen sind. Aber gerade dies wäre nötig, um seine eigenen Werte zu entdecken, die weit über die hinausgehen können, die er aus seiner Kultur oder seiner Familie übernommenen hat. Wenn er über sich hinauswachsen möchte, braucht er den Willen, sich mehr an andere Meinungen anpassen zu können und wohlwollender mit ihnen umzugehen. Denn im Grunde ist er sehr gutmütig und kann andere Menschen tolerieren, solange sie ihn in seiner Komfortzone und in Ruhe lassen.

Der Stier neigt dazu, zum Coachpotato werden zu können. Da ihm sehr an den sinnlichen Genüssen gelegen ist, tendiert er dazu, sich zu wenig zu bewegen und die Freizeit auf dem Sofa vor dem Fernseher zu verbringen. Natürlich hat er darum die Tendenz, sehr leicht zuzunehmen, und er sollte sein Leben lang gut auf ausreichende Bewegung und auf sein Gewicht achten.

Phlegmatisch, wie er nun einmal ist, neigt er darüber hinaus dazu, Probleme einfach auszusitzen. Wenn er dazu in der Lage ist, sich mit dem aktuellen Zustand gut zu arrangieren, dann erwartet er dies von anderen Menschen ebenfalls. Er denkt, wenn er nur beharrlich und stur genug auftritt, dann wird der andere schon irgendwann damit aufhören, Veränderungen vornehmen zu wollen. Dabei täte es dem Stier manchmal wirklich gut, offener für Impulse von außen zu werden, er braucht solche Anstöße, denn manchmal ist dieser neue Wind zu seinem Besten und ein wenig Bewegung tut ihm oftmals richtig gut. Denn Gewohnheiten sind zwar lieb und nett, aber wenn sie zu Trägheit werden, hören sie meistens auf, wirklich Freude zu machen. Und dann fällt es selbst einem Stier schwer, einen Genuss daraus zu ziehen.

Sternzeichen Zwilling (21.05. bis 21.06.)

Positive Verhaltensweisen,
Zwilling in seiner bewussten, reifen Form:
- neugierig
- anpassungsfähig
- erfinderisch
- kann komplexe Zusammenhänge einfach erklären
- kommunikativ
- Netzwerker
- sprachbegabt
- kann gut mit Technik umgehen

Negative Verhaltensweisen,
Zwilling in seiner unbewussten, unerlösten Form:
- ungeduldig
- klatschen und tratschen
- launisch
- ruhelos, immer auf der Suche nach Ablenkungen
- unentschlossen
- ständige Suche nach noch mehr Information
- spöttisch

Der Zwilling ist das erste der drei Luftzeichen und wird damit vor allem von seinem beweglichen Geist bestimmt. So wie die Luft, so vermag auch unser Geist in alle Richtungen hin und her zu fließen, immer wandelbar und veränderlich. So wie die Luft, so versucht unser Verstand, alles zu durchdringen, in sich aufzunehmen, er eignet sich Wissen an und ist dabei grenzenlos in seinem Drang, sich immer weiter auszudehnen. Dabei besteht bei allen Luftzeichen die Tendenz, alles wissen und erfahren zu wollen – sie übertreiben. Der Zwilling ganz besonders. Er beschäftigt sich lieber mit seinem gut funktionierenden Verstand, als dass er sich allzu sehr in die unbekannteren Bahnen seiner Gefühle hineinziehen lässt. Darum wirkt der Zwilling bei all seiner Nettigkeit und seinem Humor immer ein wenig verkopft und eher gehemmt, was das Äußern seiner Gefühle angeht. Mit ihm kann man wirklich über alles reden, aber seine Gefühle sind nun einmal nicht mit dem rationalen Verstand begreifbar und werden ihm vielleicht immer ein Rätsel bleiben.

Der Zwilling ist vom Planeten Merkur beherrscht, der unter seinem anderen Namen besser bekannt ist: Hermes, der Götterbote. Ähnlich gestrickt, drängt es den typischen Zwilling danach, Ideen, Meinungen und Wissen zu sammeln und als Botschaft an seine Umwelt zu überbringen. Die Post steht deshalb sehr unter dem Einfluss des Zwillings, und das weltweit verzweigte Internet, in dem man alle Informationen mit einem Knopfdruck finden und weiterleiten kann, sicherlich ebenso. Der Zwilling hat eine große Affinität zu allem, was an Technik neu auf den Markt kommt, und man erkennt ihn oft in einer Gruppe von Menschen schon allein daran: Er hat das neueste Handy, den besten Computer oder den modernsten Fernseher. Und natürlich redet er darüber und preist die vielen Vorzüge dieser neuen Erfindungen in den schillerndsten Farben.

Es gibt noch eine Verhaltensweise, an der sich der Zwilling in einer Gruppe Menschen zu erkennen gibt, denn er wird häufig das Wort führen und am meisten reden. Er gibt gern den Conférencier, der ein Gespräch leitet und dabei die anderen Teilnehmer einander vorstellt. Moderne Plattformen wie Facebook, Youtube oder Instagram sind von

Grund auf zwillingshaft und gehören untrennbar zu unserer modernen Zeit. Der Zwilling hat die große Fähigkeit, Menschen zu vernetzen, sie miteinander bekannt zu machen und so wertvolle Synergien zwischen ihnen zu schaffen. Wobei dieses Prinzip nur alter Wein in neuen Schläuchen ist, in meiner Heimatstadt Köln gibt es für dieses »Netzwerken« den bereits jahrhundertealten Begriff des »Klüngels«: Man kennt sich, man hilft sich! Wer ein Problem hat, der fragt so lange im Bekanntenkreis herum, bis sich einer findet, der die Lösung kennt. Das ist übrigens ebenfalls die klassische Herangehensweise des Zwillings an ein Problem, er ruft zuerst einmal seine beste Freundin an, um darüber zu reden. Beim Gespräch wird sich dann schon eine Idee zur Lösung finden. Und wenn nicht, dann war es immerhin wieder mal ein nettes Geplauder miteinander.

Das Gerede kann allerdings auch rasch überhandnehmen und dann seine Schattenseite offenbaren: Ein Zwilling hat einen Hang zum Tratschen. Unter einer Gruppe Menschen, die sich über andere das Maul zerreißen, wird man immer einen Zwilling finden, der gerade seine weniger lichtvolle Seite lebt. Wahrscheinlich hat er die Debatte sogar angezettelt, das sähe ihm sehr ähnlich. Reden ist sein Lebenselixier, und ebenso flexibel wie das dabei besprochene Thema kann seine Meinung über etwas sein. Ein weiterer Schatten des Zwillings sind seine unsteten Ansichten, so wie der Wind die Luft bewegt, so können seine Gedanken manchmal wie vom Sturm getrieben erscheinen. Er blickt von vielen Blickwinkeln gleichzeitig auf eine Sache und freut sich, immer neue Gesichtspunkte daran herauszufinden. Er wirkt dann sprunghaft und man kann ihn kaum greifen, denn er neigt dazu, sich in seiner

Meinung nie allzu lange festzulegen. Wahrscheinlich weiß man bei ihm darum manchmal nicht, woran man ist, so wechselhaft kann er sein in seinem Auftreten und seinen Meinungen. Man sagt dem Zwilling deshalb nach, manchmal zwei gänzlich verschiedene Gesichter zu haben.

In seiner ungeheuren Wissbegierde und Neugier gleicht er einem Schmetterling, der über eine Wiese voller schöner Blumen fliegt. Mal hierhin, mal dorthin, immer ist eine andere Blume noch schöner und nie wird er darum lange bei einer bestimmten bleiben. Gestern steckte er noch voller Begeisterung für Yoga und redete enthusiastisch mit allen Bekannten darüber, morgen ist stattdessen die makrobiotische Ernährung sein neues Steckenpferd. Beim Zwilling kann man sich nie sicher sein, außer über eines: Er wird sich ständig erneuern und immer wieder ein neues Interessengebiet finden. Aber nur für eine Weile!

Manchmal möchte man den Zwilling schützen vor seiner ständigen Suche nach immer neuen Informationen, immer neuem Wissen. In dieser intellektuellen Sammelleidenschaft droht er sich nämlich oftmals zu verlieren und man erkennt ihn dann selbst nicht mehr hinter all seinen angehäuften Informationen. Dabei ist er so ein sympathischer Zeitgenosse, den man mit seiner freundlichen und gewinnenden Art gern um sich hat. Mit ihm wird es sicher nicht langweilig, er ist in seiner Art neugierig wie ein kleines Kind und bringt immer frischen Wind in jede Gesellschaft.

Sternzeichen Krebs (22.06. bis 22.07.)

Positive Verhaltensweisen,
Krebs in seiner bewussten, reifen Form:
- einfühlsam
- Werte bewahrend
- treu
- feinfühlig
- bescheiden
- fürsorglich
- gefühlsbetont

Negative Verhaltensweisen,
Krebs in seiner unbewussten, unerlösten Form:
- überempfindlich
- schnell verletzt
- besitzergreifend
- nachtragend
- passiv
- launenhaft
- unsicher

Der Mond ist für das Sternzeichen Krebs zuständig und unterscheidet sich durch eine besondere Eigenschaft von allen anderen Himmelskörpern: seine Wandelbarkeit, da er ständig wechselnde Phasen durchläuft. Entweder er ist zunehmend oder abnehmend, bei ihm ist nur eines gewiss: Er wird morgen schon wieder anders sein als heute. Für den Krebs bedeutet dies eine ebensolche Veränderlichkeit, er ist das erste der drei Wasserzeichen, er fließt und passt sich an wie das Wasser, das sich durch alle Steine eines Baches seinen Weg bahnt. Einfühlsam und anpassungsfähig ist auch das Zeichen Krebs, immerzu ist er auf der Suche nach einer Verbindung zu seiner Umgebung, die er in vielfältiger Weise spürt und wahrnimmt. Ein Krebs ist für das Fühlen geboren, warum er für Außenstehende in seinem Verhalten oft unbegreiflich bleibt. Gefühle kann man eben häufig nicht wirklich verstehen, seine Stimmungen und Ängste entspringen einer seelischen Quelle in ihm, die ihm meist selbst etwas suspekt bleibt.

Interessanterweise bleibt der Krebs den Dingen und Erfahrungen seelisch selbst dann noch verbunden, wenn sie bereits lange vergangen sind, immerhin hat er sie ja einmal ganz gefühlt und kennt sie darum, sie gehören seit diesem Moment des gemeinsamen Erlebens zu ihm. Er hält sie in seiner Erinnerung wach und ist darum ein guter Erzähler von vielerlei Anekdoten und bunten Geschichten. Sein größter Schatz sind Erinnerungsstücke, die ihn in alte Zeiten zurückversetzen und mit deren Hilfe er sich wieder mit den Gefühlen von damals verbunden fühlen kann. Muscheln vom Urlaubsstrand, Bilder alter Freunde und Bekannter – er hegt und pflegt seine Vergangenheit und lebt ein Stück weit noch in ihr. Darum fühlt er sich der Geschichte seiner Familie und seiner Heimat sehr verpflichtet und ehrt die Wurzeln seiner Familie, die er an seine Nachkommen weitergibt.

Es kann passieren, dass solche Erinnerungen für den Krebs wichtiger werden als die konkrete Gegenwart. Seine gemachten Erfahrungen vermögen ihm eine wichtige Form von Sicherheit zu schenken, fühlt er sich in der normalen Welt doch häufig sehr unsicher. Der Krebs sucht in seinem Umfeld überall nach Geborgenheit, so wie ein Krebs im Tierreich oft ein Gehäuse mit sich trägt, in das er sich zum

Schutz zurückziehen kann. Dieses schützende Dach kann sein Haus, sein Partner, seine Familie, die Firma, Freundschaften oder ein Hobby sein. Hier findet er die Geborgenheit, die er als sensibles Wesen so sehr braucht, gerade dann, wenn die Kränkungen durch das Leben ihm zu viel werden. Er muss das Leben verarbeiten, muss in seinem Gehäuse zu Ende fühlen, was geschehen ist, und dafür braucht er eben ein bisschen Zeit. Dann zieht er sich in sein Schneckenhaus zurück und diese Zeit sollte man ihm auf jeden Fall gewähren. Wenn man ihn zu schnell wieder aus seinem Kokon herauszwingen will, reagiert er gern verschnupft und beleidigt. Alles Neue erschreckt ihn ein wenig und es dauert, bis er sich darauf einstellen kann. Vielleicht besonders, da er sich dazu von Altbekanntem lösen muss, und das dauert bei einem vergangenheitsorientierten Krebs immer eine Weile.

Krebse, auch die Männer, haben die Tendenz, sich um andere zu kümmern und sie zu bemuttern. Sie sind das fürsorglichste Zeichen überhaupt und gehen ganz in ihrer Rolle auf, wenn sie Eltern werden. Da sie so sehr abhängig von Geborgenheit sind, neigen sie dazu, sich ihrem Partner oder ihren Freunden voll und ganz zu verschreiben, immer in der tiefen Angst, sie einmal verlieren zu können. Ihre Überfürsorglichkeit entspringt darum meist dem Wunsch, andere sollen ihnen zu Dank verpflichtet sein; man will sie abhängig machen von den Zuwendungen. Manchmal gehen Krebse in ihrer Fürsorge daher zu weit und zwangsbeglücken andere. Ihre Kinder können es darum schwer haben, aus dem Nest zu fliegen, sieht ein Krebs-Elternteil doch in seinen Kindern seine Lebensaufgabe, die es sich nur ungern nehmen lassen möchte.

Verlassen zu werden ist deshalb die größte Urangst der Krebse, fühlen sie sich doch oft in kindlicher Weise abhängig vom Partner, der ihnen Sicherheit und Dauerhaftigkeit in ihren so wichtigen Gefühlsdingen verspricht. Überhaupt fällt ihnen jede Form von Ablösungsprozessen schwer, das Leben scheint für sie wie ein Bahnhof zu sein, auf dem ständig geliebte Menschen Abschied von ihnen nehmen wollen. Die Scheren des Krebses können nur schwer andere Menschen loslassen, in seiner Gefühlsübereinstimmung mit dem anderen ist jede Trennung, als reiße er sich das Herz aus der Brust. Verluste und Abschiede wiegen so schwer, weil der Krebs so viel in seine Beziehungen investiert und daher mehr als andere zu verlieren glaubt. Grundsätzlich eher schüchtern aufgestellt, fällt es ihm danach außerdem schwer, neue Kontakte zu knüpfen, da sie ihm noch nicht vertrauenswürdig genug erscheinen.

Seine Angst, verlassen zu werden, begründet schließlich seine Unfähigkeit, Ärger und Verstimmtheit aggressiv zu zeigen, wie es beispielsweise für ein Feuerzeichen üblich wäre. Darum bleibt ihm nur der Weg, sich beleidigt in seine Schmollecke (sein Gehäuse) zurückzuziehen und dem anderen die Schuld daran aufzubürden. Seine große Verletzlichkeit verbietet es ihm, grob zu anderen zu sein, er meint ständig, im Glashaus zu sitzen und darum nicht mit Steinen werfen zu dürfen. Letztlich tut ihm jeder Streit mehr weh als dem anderen.

Die besondere Begabung des Krebses ist aber sein Einfühlungsvermögen, mit dem er es im sozialen Bereich wie auch in der Kunst zu hohem Ansehen bringen kann. Ehrgeizig und mit großem Willen ausgestattet, erreicht der sensible Krebs dabei weit mehr, als man ihm anfänglich zugetraut hätte. Er ist eben immer für eine Überraschung gut.

Sternzeichen Löwe (23.07. bis 23.08.)

Positive Verhaltensweisen,
Löwe in seiner bewussten, reifen Form:
- individuell
- selbstbewusst
- kreativ
- begeisterungsfähig
- gesellig
- mutig
- loyal

Negative Verhaltensweisen,
Löwe in seiner unbewussten, unerlösten Form:
- überheblich
- autoritär
- immer im Mittelpunkt stehen wollen
- selbstsüchtig
- verschwenderisch
- kritikunfähig
- dramatisierend

Mit dem Löwen treffen wir nach dem Widder nun auf das zweite Feuerzeichen im Tierkreis, und beiden gemeinsam ist natürlich ihre überbordende Energie, ihr Feuer eben. Beide wollen diese Energie nach vorn, in die Zukunft gerichtet ausleben und finden es mühsam, sich mit dem täglichen Kleinkram abgeben zu müssen. Beim Löwen besteht meist ein ganz natürliches Selbstbewusstsein, so dass er es völlig normal findet, wenn andere sich um diesen lästigen Alltagskram kümmern. Sein Geist beschäftigt sich mit anderen, wichtigeren Dingen, immer hat er Großes vor, um seinem großem Bild zu genügen, das er von sich hat und an dem er unablässig baut.

So wie sich alles um die Sonne dreht, die im Mittelpunkt unseres Planetensystems steht, so beschäftigt sich der Löwe auch in seiner Vorstellung gern mit sich selbst. Die Sonne repräsentiert darum das Sternzeichen Löwe, und da sie der wichtigste Teil unseres Sonnensystems ist, nimmt sich der Löwe gern ebenso wichtig. So wie er als König der anderen Tiere angesehen wird, so ist sein Verhalten gern etwas großspurig und er gefällt sich sehr in der Rolle des Herrschers oder Chefs. Das muss aber immer richtig verstanden werden, er tut dies nicht etwa mit Absicht, sondern es ist für ihn ganz natürlich, dass andere ihn wichtig nehmen. Schließlich hat er selbst ein ebenso großes Bild von sich. Wie könnte also jemand ein anderes, kleineres von ihm haben?

Der Löwe ist deshalb auch schnell irritiert oder gar verletzt, wenn man ihn missachtet, übersieht oder links liegen lässt. Wie könnte man das Strahlen einer Sonne übersehen? Er tut darum viel, um durch ein besonderes Auftreten, einen guten Stil oder auffallende Kleidung, die gern teuer sein darf, aus der Masse herauszustechen. Nichts erfreut ihn dann mehr als ein wohlgesetztes Lob, denn er legt sehr viel Wert auf sein Auftreten und seine Erscheinung und mag es, wenn dies vom Gegenüber angemessen honoriert wird. Der Löwe ist so anfällig für Lob, dass es schon eine Gefahr für ihn bedeutet – auf der Suche nach Lob kann er leicht von anderen ausgenutzt werden. Willst du von einem

Löwen etwas bekommen, etwa eine Empfehlung für eine neue Stelle oder eine Beförderung, so brauchst du ihn nur zu loben. Er wird davon so entzückt sein, dass er dir aus der Hand frisst und dir jeden Wunsch erfüllt. Löwen sind tatsächlich steuerbar durch Lob und Anerkennung, aber dies fällt ihnen meist erst dann auf, wenn es zu spät ist.

Um dies besser zu verstehen, muss man wissen, dass der Löwe sich in seinen Gedanken um sich selbst dreht, da er tief in seinem Inneren tatsächlich unsicher ist und ständig auf der Suche, sich selbst zu erkennen und sich selbst zu finden. Das Lob von außen füllt dieses innere Unbehagen in ihm und er braucht es geradezu, lindert es doch seine versteckte Unsicherheit. Der Löwe wird anfällig für Lob bleiben, bis er diese Suche nach sich selbst abgeschlossen hat und sich allein genügen kann. Er achtet sich dann wirklich selbst und braucht die Bestätigung von außen nicht mehr.

Im Grunde ist diese Suche nach sich selbst der Grund dafür, warum der Löwe den großen Drang hat, in die Zukunft gerichtet zu denken und etwas zu erschaffen, was allein seine Duftmarke trägt. Das kann sowohl eine Firma, ein Gemälde oder ein Verein sein, es spielt keine Rolle, wie klein oder groß das von ihm Erreichte sein mag. Im Vorgang des Erschaffens findet sich der Löwe selbst. Etwas, das seiner Phantasie entsprungen ist, hilft ihm sehr dabei, sich selbst zu finden und sich zu definieren.

Wie bei allen Feuerzeichen ist aber Vorsicht geboten, denn ein Feuer kann nur so lange brennen, wie es mit Energie versorgt wird. Viele Löwen kennen aber keine Grenzen und brennen ihre Lebenskerze von beiden Seiten her ab, sie treiben Raubbau mit ihren Kräften und wundern sich dann, wenn ihre Sonne nicht mehr strahlen kann. Das große Bild, das ein Löwe von sich hat, kann Altern und Schwäche nicht mit sich vereinen, und darum sieht man Löwen so gut wie nie beim Arzt. Sie tun sich sehr schwer damit, krank zu sein, und denken lieber, ewig jung und vital bleiben zu können. Natürlich leben sie darum häufig über ihre Kräfte und sind bemüht, ihre Umwelt unablässig von ihrer Tatkraft, ihrem Optimismus und ihrer Potenz überzeugen zu müssen.

Im Löwen steckt ein Glaube an sich selbst, der schwer zu erschüttern ist, und wohl darum scheut er keine noch so große Aufgabe. Irgendwo in sich findet er eine Gewissheit, alles zu können und alles erreichen zu können, kann er doch sicher sein, für solche Heldentaten dann noch mehr Bewunderung zu erhalten. Natürlich liegt in dieser Art der unmissverständliche Schatten verborgen, bei manchem zu übertreiben und anzugeben, um seine Taten für andere noch märchenhafter und unwahrscheinlicher erscheinen zu lassen.

Wer mit einem Löwen zu tun hat, wird außerdem häufig das Gefühl haben, von ihm bemuttert zu werden. Ein Schattenanteil von ihm spielt sich gern als Elternteil für andere auf, da ein guter König sich eben um seine Gefolgsleute kümmert. Dann spart er nicht mit Ratschlägen und dringenden Hinweisen, wie seiner Meinung nach das Leben des anderen zu führen sei. Er sieht dies rein gar nicht als Zwangsbeglückung und wundert sich dann, wird sein wertvoller Tipp ausgeschlagen. Aus seiner Sicht wäre der andere doch sogar verpflichtet, genauso zu handeln. Ein Löwe erwartet für seine so wertvolle Zuwendung dann sogar noch ein angemessenes Dankeschön.

Aber ohne die positiven Seiten des Löwen wäre die Welt ein Stück weit ärmer. Gespeist vom tiefen Glauben an sich selbst ist er von Optimismus durchdrungen und getrieben davon, die Welt immer neu und zum Guten hin zu erschaffen.

Sternzeichen Jungfrau (24.08. bis 23.09.)

Positive Verhaltensweisen,
Jungfrau in ihrer bewussten, reifen Form:
- anpassungsfähig
- analytisch
- ordentlich
- ehrlich
- zuverlässig
- diszipliniert
- gründlich

Negative Verhaltensweisen,
Jungfrau in ihrer unbewussten, unerlösten Form:
- überkritisch
- perfektionistisch
- unflexibel
- übervorsichtig
- unnahbar
- rechthaberisch
- überängstlich

Eine Jungfrau, die an einem meiner Seminare teilnimmt, erkenne ich meist daran, dass sie versucht, alles Gesagte mitzuschreiben und zu dokumentieren. Und außerdem wird sie damit auffallen, immer wieder Verständnisfragen zu stellen, wenn ihr gewisse Aussagen von mir noch nicht genau genug erscheinen. Manchmal kommt es mir dabei vor, als stünde sich die Jungfrau ein wenig selbst im Weg, da sie sich so sehr im Verstehen einzelner Details verlieren kann, dass sie dabei den Überblick über das große Ganze verliert. Die Jungfrau neigt nämlich dazu, alles zu ordnen und in bestimmte Schubladen zu sortieren, doch das große geistige Bild, das eigentlich gemalt worden ist, droht so dahinter zu verschwinden.

Ordnung ist das halbe Leben – dies könnte der Leitspruch für so manche Jungfrau sein. Dabei sollte man aber durchaus ein wenig differenzieren, denn nicht jede Jungfrau wird über einen blitzblank geputzten Haushalt und einen akkuraten Aktenschrank verfügen. Der Sinn für Ordnung kann bei der Jungfrau auf zweierlei Arten gelebt werden, und zwar außen oder innen. Ist die Jungfrau mehr auf das Außen bedacht, dann stimmt diese vorrangige Meinung und die Jungfrau wird viel Freude daran haben, ihr Umfeld so sauber und adrett wie nur möglich zu halten. Dagegen gibt es aber noch die eher auf ihr Inneres bezogene Jungfrau, und diese kann ganz im Gegenteil in ihrer Wohnung oder am Arbeitsplatz durchaus unordentlich sein, solange sie sich mit ihrer inneren Ordnung beschäftigt. Während sie sozusagen innen drin aufräumt, hat sie alle Hände voll zu tun, so dass ihr die sichtbare Umwelt eine Zeit lang gar nicht so wichtig ist. Denn egal, ob auf das Außen oder auf das Innere bezogen, eine Jungfrau macht ihre Arbeit gründlich und genau, und das kann mitunter eine ganze Weile dauern.

Der Ordnungssinn, über den die Jungfrau verfügt, hat aber einen tieferen Sinn. Für eine Jungfrau hat das Leben einfach zu viele Einzelheiten, in seiner Vielgestalt wirkt es manchmal sogar bedrückend und Angst einflößend auf sie. Darum versucht sie, es einzugrenzen, zu systematisieren, es in kleine Teile aufzuspalten, damit diese weniger erdrückend erscheinen und überschaubarer werden. Diese Einzelteile kann sie dann besser handhaben und wieder zu einem neuen, für sie verständlicheren Bild zusammenführen. Synthese statt Ordnungssinn ist darum ein zweiter und weit treffenderer Begriff, um die Haltung der Jungfrau zu beschreiben. Sie forscht, dokumentiert und bewertet, um das, was in ihrer Welt vorhanden ist, in einer neuen Form gedanklich wieder zusammenzuführen, damit sie es verstehen kann – genauer gesagt, damit sie es bestmöglich nutzen kann.

Als Jungfrau hat man darum die unschätzbare Fähigkeit, die zur Verfügung stehenden Ressourcen optimal zum eigenen Vorteil zu nutzen. Sie sieht die Möglichkeiten in einer gegebenen Situation und erfasst schnell, wie die Puzzlesteine optimalerweise wieder zusammengesetzt werden können. Eine Jungfrau kann sich genau in die vorliegenden Umstände einpassen und mit ihnen verschmelzen. Darum ist sie ganz besonders dazu in der Lage, einer Sache oder einer Aufgabe zu dienen und sich ihr voll und ganz zu verschreiben, ja ganz in ihr aufzugehen.

Da sie so sehr in der Lage ist, mit einer Arbeit oder Sache ganz zu verschmelzen, färbt diese Sachlichkeit oft sehr auf sie ab. In ihrem großen Pragmatismus kann es vorkommen, dass sie selbst fast gänzlich hinter ihrer Aufgabe verschwindet und unsichtbar wird. Der Dienst an der Sache kann ihr übermäßig wichtig werden, dann stellt sie ihre eigenen Bedürfnisse weit dahinter zurück und fühlt sie schließlich selbst nicht mehr. Auf ihre Umwelt wirkt sie daher auf seltsame Weise leblos, und ihre Fähigkeit, sich für das Leben zu begeistern und Freude zu zeigen, droht manchmal, ganz verloren zu gehen.

Überhaupt wirkt die Jungfrau auf viele zunächst eher verstandesbetont und kühl. Hinter dieser spröden Schale verfügt sie jedoch über ein besonders reiches Gefühlsleben. Ihr kluger Verstand hat sich ja gerade aus dem Grund entwickelt, um ihre feinen Gefühle vor den Unwägbarkeiten des Lebens schützen zu können. Gerade weil sie so feinfühlig und verletzbar ist, musste sie klug werden, um ihre Empfindsamkeit vor allen möglichen Gegebenheiten absichern zu können. Sie analysiert genau, was im Zeitstrom in nächster Zukunft auf sie zukommen könnte, um sich vor Überraschungen und Gefahren zu schützen. Großer Verstand und große Sensibilität gehen mitunter Hand in Hand und müssen sich nicht zwangsläufig gegenseitig ausschließen.

In ihrem Hang, alles ständig kategorisieren und einordnen zu müssen, geht die Jungfrau natürlich häufig zu weit und wird dann pedantisch, überkritisch und rechthaberisch. Dann will sie alles gut und richtig machen und verliert sich in Extremen wie übergroßer Sparsamkeit oder sie wird zum Hygienefanatiker. Das Leben soll dann in zu großem Maße gesichert werden, und damit einher geht eine übergroße Bedenklichkeit und schematisierende Lebensformen, die keine Spontaneität mehr zulassen. Das Leben wirkt dann irgendwie erstickt, und der Jungfrau fehlt in ihrem Hang zu Regeln und Formalismen regelrecht die Luft zum Atmen.

Auf ihrem Lebensweg soll die Jungfrau, so wie alle Zeichen, vom Schatten ins Licht finden, und selbstverständlich versteckt sich hinter ihrem Schatten der übergroßen Kritikfähigkeit und dem Hang nach Perfektion das genaue Gegenteil: die Fähigkeit, das Leben so anzunehmen, wie es ist. Wenn es die Jungfrau schafft, sich dieser besonderen Herausforderung zu stellen und sie zu überwinden, dann kann es ihr gelingen, eine Liebesfähigkeit zum Leben zu entwickeln, die ihresgleichen sucht. So wie sie mit ihrer Aufgabe verschmelzen und sich selbst dahinter zurückstellen kann, so kann es ihr ebenfalls gelingen, mit dem Leben als Ganzem zu verschmelzen, voller Demut und Akzeptanz. Mit einem Wort: Das, was die Jungfrau lernen möchte, ist die wirkliche Liebe zum Leben, wie es nun einmal ist.

Sternzeichen Waage (24.09. bis 23.10.)

Positive Verhaltensweisen,
Waage in ihrer bewussten, reifen Form:
- ausgleichend
- ästhetisch
- harmonisierend
- diplomatisch
- unterstützend
- gerecht
- respektvoll

Negative Verhaltensweisen,
Waage in ihrer unbewussten, unerlösten Form:
- sich selbst verleugnend
- immer nur nett sein wollen
- unentschlossen
- schwankend

- leicht beeinflussbar
- eitel
- abhängig

Das Sternzeichen Waage ist das zweite Luftzeichen nach dem Zwilling und daher ebenfalls vorwiegend vom Verstand geprägt. Während der Zwilling vor allem Wissen und Ideen sammelt und seine Meinung häufig wechselt, wägt die Waage die unterschiedlichen Meinungen, die sie vorfindet, eher ab und will sie zu einem gemeinsamen Konsens bringen. Sie ist überall um Ausgleich bemüht und möchte in Gruppen für Harmonie sorgen. Damit ist sie ein vortrefflicher Moderator bei Schlichtungen und verfügt über eine große Fähigkeit zur Diplomatie, die ihr angeboren ist.

Die Waage ist dem Planeten Venus zugehörig, was ihr einen natürlichen Sinn für Schönheit und Eleganz gibt. Viele Waagen sind von außen deshalb durch eine besondere Anmut erkennbar, sie wissen sich zu kleiden und haben oft einen ästhetischen Körper. Für die Waage sollte aber nicht nur ihr Körper, sondern alles um sie herum von besonderer Schönheit geprägt sein, sie liebt schöne Möbel und schöne Kleider und wird auch im beruflichen Umfeld immer dafür sorgen, einen Blumenstrauß auf ihrem Schreibtisch zu haben. Sie wird ganz allgemein darum bemüht sein, nach außen durch ihren Stil, ihre Redeweise und ihre Handlungen Harmonie auszustrahlen. Um diese Harmonie kümmert sie sich auch ganz selbstverständlich in jeder Menschengruppe, in der sie anzutreffen ist.

Um die Verhaltensweise der Waage besser zu verstehen, genügt ein Blick in den Tierkreis. Mit der Waage fängt seine zweite, obere Hälfte an, die sich mehr mit dem anderen Menschen beschäftigt als mit den eigenen Belangen. Die Waage liegt gegenüber dem Widder, mit dem der Jahreskreis beginnt, und ist in ihrem Verhalten deshalb genau konträr gestimmt. Dort, wo ein Widder sich durchsetzt, neigt die Waage eher dazu, zu vermitteln und die eigenen Bedürfnisse hinter die der Gruppe zu stellen. Sie ist damit nicht nur kompromissbereit, sie lebt sozusagen dafür und der treffendste Satz, um ihre Eigenschaften zu beschreiben, lautet: »Für mich war es schön, wenn es für dich schön war!«

Die Waage lebt gern mit und für den anderen Menschen, orientiert sich an ihm und möchte gern alles mit anderen erleben und erfahren. Sie fühlt sich durch diese Selbstdefinition darum sehr schnell verloren, wenn sie nur allein auf sich gestellt ist, etwa um Arbeiten zu erledigen. Sie funktioniert viel besser im Team und ist in gewisser Weise sehr auf andere Menschen angewiesen, was sie durchaus abhängig von anderen machen kann. Dies ist dann der eigentliche Grund, warum sie so um Harmonie bemüht ist. Sie ist so abhängig von den Sympathien der anderen, dass sie Konflikten lieber ausweicht und kunstvoll die auftretenden Reibungen in ihrer Gruppe ausgleicht, indem sie zwischen den Spannungspolen vermittelt. Dies geht durchaus häufig auf Kosten ihrer eigenen Wünsche und Bedürfnisse.

Ähnlich wie bei ihrem luftigen Bruder, dem Zwilling, ist es schwer, der Waage eine bestimmte Meinung zuzuordnen. Beim Zwilling lag dies mehr an der Mannigfaltigkeit der immer neuen Einflüsse, die seine Haltung ständig wechseln lassen. Bei der Waage geschieht dies mehr, da sie sich so sehr an andere anpassen will, bis es ihr nicht mehr gelingt, einer der beiden Parteien wehzutun, wenn sie sich für die andere entscheiden würde. Denn in ihrem Denken würde sie der anderen Seite »wehtun«, da sie zur ihr nein sagen müsste. Immer in der Sorge, Sympathien zu verlieren, findet die Waage zu keiner eigenen Meinung und bleibt zwischen den Stühlen sitzen, in einem unentschiedenen, irgendwie luftleeren Raum. Die Waage ist dann nicht zu greifen und macht des Kompromisses wegen häufig Zusagen, die sie nicht halten kann.

Dies macht den täglichen Umgang mit einer Waage durchaus kompliziert. Meine Tochter ist solch eine Waage und nun gerade volljährig geworden. Jede Entscheidung stellt sie noch immer vor die schier unlösbare Aufgabe, zum einen ja und zum anderen nein zu sagen. Dies betrifft Kleidung, Essen oder die richtige weiterführende Schule, das Große eben genauso wie das Kleine. Mein Sohn, ebenfalls Waage, steckt aktuell nur noch deshalb in einer Projektarbeit seiner Schule fest, weil es ihm einfach nicht gelingt, ein klares Statement abzugeben, müsste er so doch den Schulfreund mit einer Absage konfrontieren. Jede noch so kleine Auseinandersetzung, geschweige denn ein Streit, liegt der harmoniesüchtigen Waage nun einmal ganz und gar nicht. Lieber steckt sie den Kopf wie ein Vogel Strauß in den Sand und hofft, die Wogen mögen sich von selbst irgendwie glätten.

In der Konsequenz kann diese Eigenschaft der Waage dazu führen, am liebsten gar keine Entscheidung mehr zu treffen. Sie wägt so lange verzweifelt die möglichen Gesichtspunkte für die eine oder gegen die andere Seite ab, bis die Entscheidung ihr vom Leben oder von anderen abgenommen wird. Ein Schatten der Waage kann dann darin entstehen, diese tatsächliche Unfähigkeit als besondere

Toleranz und Großzügigkeit misszudeuten. Hier zeigt sich der Hang der Waage, in ihrem Bedürfnis nach Harmonie alles schönzureden und die Welt nur durch eine rosarote Brille zu sehen.

Ohne die positiven Charakterzüge der Waage würde unserer Gesellschaft aber ein wichtiger Aspekt fehlen. Ihr respektvoller Umgang mit anderen, ihr Teamgeist und vor allem ihre Diplomatie machen sie zur Grundfeste jeder funktionierenden Gesellschaft.

Sternzeichen Skorpion (24.10. bis 22.11.)

Positive Verhaltensweisen,
Skorpion in seiner bewussten, reifen Form:
- entschlossen
- diszipliniert
- wachstumsorientiert
- willensstark
- tiefgründig
- Veränderungen herbeiführend
- transformierend

Negative Verhaltensweisen,
Skorpion in seiner unbewussten, unerlösten Form:
- nachtragend
- fixiert sein
- manipulierend
- rücksichtslos
- widerstrebend
- zwanghaft
- besitzergreifend

Der Skorpion ist das zweite der Wasserzeichen zwischen Krebs und Fisch. Damit stehen auch bei ihm die Emotion und das Gefühl im Mittelpunkt seines Lebens. Das, was er tut, macht er mit Gefühl und, im Gegensatz zu den anderen Wasserzeichen, voll und ganz, mit ganzem Herzen. Dem Skorpion liegt es nicht, Dinge nebenbei zu erledigen, er hat etwas Absolutes, manchmal Fanatisches, das ihn zum Fürsprecher für jede Sache machen kann, die er sich auswählt.

Um das Wesen des Skorpions besser zu verstehen, lohnt ein Blick auf den ihm zugeordneten Planeten Pluto. Er wurde erst 1930 entdeckt, das fällt in die Zeit der Erforschung der Kernspaltung und der Atombombe. Dies passt sehr gut zum wahren Wesen des Skorpions, will er doch ebenfalls zum Kern der Dinge vorstoßen und ihr wahres Wesen erkennen. Ihm geht es dabei aber mehr um die menschliche Seele und das Leben selbst. Ihn reizt, was hinter der Oberfläche verborgen ist, ihn fasziniert alles Dunkle und Geheimnisvolle und er schreckt dabei vor nichts zurück. Ein Skorpion lebt oft gleich mehrere Leben in einem, er kennt tiefe Krisen, erforscht sie, verarbeitet sie und erhebt sich daraus geläutert wie Phönix aus der Asche.

Ganz ähnlich passt die explosive Kraft, die in der Atombombe schlummert, zum wahren Wesen des Skorpions. Ihn ziehen die innewohnenden Kräfte, die die Welt bewegen, magisch an, und er möchte so tief wie möglich in die Geheimnisse unserer Schöpfung eintauchen, sie studieren, sie sich zu eigen machen und nutzen. Skorpione haben etwas Magisches, Geheimnisvolles an sich, sie gleichen den Alchemisten des Mittelalters, die sich mit dem Erforschen der Urkräfte des Lebens selbst entdecken wollten.

Mit diesen Wirkkräften unseres Lebens ist jedoch nicht zu spaßen. Es erinnert an Goethes Ballade vom Zauberlehrling, der, obwohl es ihm verboten wurde, die Sprüche seines Meisters verwendete, um einen Besen zu verzaubern, der statt seiner dann das Putzen übernehmen sollte. Der Zauber misslingt, das Haus versinkt in Wasser und der Zauberlehrling ertrinkt beinahe. Erst das Erscheinen des Meisters beendet den Spuk. Die Macht, die dem Skorpion durch seine Kenntnis der Triebkräfte des Lebens zuteilwird, will mit Vorsicht und zum Guten eingesetzt werden. Das gilt ja bekanntlich ebenso für die erwähnte Kraft der Atomspaltung. Ganz ähnlich wie dem Zauberlehrling ergeht es manchmal dem Skorpion im eigenen Leben, er neigt ebenfalls zu absoluten und totalen Lösungen und zerlegt dabei alles in Schutt und Asche. Aber nur, um nach diesem »Stirb-und-Werde-Prozess« noch stärker wieder aufzustehen.

Etwas Geheimnisvolles zieht sich außerdem durch das ganze Wesen des Skorpions. Er zeigt seine Gefühle nicht gern und versteckt sie hinter einer Art Maske. Der Hintergrund ist hier, dass der Skorpion alle Kräfte dieser Welt beherrschen möchte, und dazu gehören natürlich auch die seelischen, die vielleicht sogar ganz besonders. Also möchte der Skorpion seine Gefühle beherrschen und sie sich untertan machen. Wer die Triebkräfte des Lebens steuern kann, verfügt über Macht. Darum tendiert der Skorpion dazu, diese Macht anzuwenden und auszuweiten und auch andere Menschen, ja das Leben selbst, beherrschen zu wollen. Ein Schatten des Skorpions liegt darin verborgen, andere Menschen für seine Zwecke einzuspannen und sehr gekonnt zu manipulieren. Personen unter diesem Zeichen besitzen die Kraft, andere zu lenken und zu beeinflussen, und es hängt alleine von ihrer Reife und Entwicklung ab, ob sie diese Macht zum Guten oder zum Schlechten verwenden.

Im Umgang mit anderen Menschen erscheint der Skorpion darum durchaus schwierig. Viele weichen seinem intensiven Blick aus und fühlen sich von ihm gesehen, spüren sie doch, dass der Skorpion in die Tiefe ihrer Seele schaut. Ihm bleibt keine Untiefe verborgen, die Menschen kommen sogar zu ihm und zeigen ihre dunklen Seiten und persönlichen Abgründe. Es liegt nahe, dass unter diesem Zeichen deshalb viele Therapeuten und Menschen in helfenden Berufen zu finden sind. Auf der anderen Seite wird der Skorpion aber zudem hinter jeden Schwindel, jede Heuchelei und jeden Scheinglanz blicken, er durchschaut jede Maske, da er sie selbst nur zu gut kennt. Ihm bleibt nichts verborgen, und dies macht ihn manchmal recht zynisch.

Man sollte wissen, dass der Skorpion sehr mitfühlend ist bei Leid und seelischer Schwäche, jedoch allergisch gegen Selbstmitleid. Er erwartet von jedem, dass er selbst das Notwendige tun soll, um aus dem eigenen Schlamassel herauszufinden. Seine Kenntnis über die Abläufe des Lebens verraten ihm, wie vorteilhaft es für die eigene Entwicklung ist, wenn der Betreffende die Kraft entwickelt, sich selbst zu helfen. Nur dann kann dieser gestärkt aus dieser Erfahrung hervorgehen.

So trägt der Skorpion das wertvolle Wissen in sich, dass eine Erlösung auf dieser Welt nur durch geistige Entwicklung und persönlichen Fortschritt zu finden ist. Er beschäftigt sich darum intensiv mit den großen Fragen des Lebens, wie Tod und Sterben, Transformation und geistiges Wachstum. Demzufolge finden sich unter diesem Zeichen Persönlichkeiten mit der vielleicht größtmöglichen Spannweite zwischen Licht und Schatten, die mit großem Mut forschend zu inneren Erkenntnissen vorstoßen, vor denen andere oftmals zurückschrecken.

Sternzeichen Schütze (23.11. bis 21.12.)

Positive Verhaltensweisen,
Schütze in seiner bewussten, reifen Form:
- visionär
- ideenreich
- will die Welt verstehen
- optimistisch
- schöngeistig
- reiselustig
- fröhlich

Negative Verhaltensweisen,
Schütze in seiner unbewussten, unerlösten Form:
- eingebildet
- sorglos
- selbstgerecht
- eitel
- Wissen für sich behaltend
- chaotisch
- auf der eigenen Meinung beharrend

Mit dem Schützen lernen wir nach Widder und Löwe den dritten im Bunde der Feuerzeichen kennen. Das Symbol des Schützen, der Pfeil, zeigt schon die Richtung an, in die sich der Schütze begeben möchte: nach vorn. Dies hat er mit allen Feuerzeichen gemein: Der Widder will erneuern und verändern, der Löwe sich selbst erfahren, indem er Großes bewirkt und erschafft. Der Schütze stellt nun die Krönung dieser feurigen Reihe dar, er möchte der Welt höhere Ideale und moralische Wertvorstellungen geben, nach denen er auch sein eigenes Leben auszurichten trachtet, um ein Vorbild für andere zu werden.

Das Feuer und die überquellende Energie des Schützen treiben ihn unablässig dazu an, etwas Neues zu beginnen und zu erforschen. Im persönlichen Umfeld erfindet er sich ebenfalls immer wieder neu und hat etwas von einem Schauspieler, der in seinem Verhalten stets eine neue Pose, eine andere Verkleidung sucht. Die Welt ist für ihn ein großes Theater, und er liebt es, dramatisch und temperamentvoll zu sein. Das Leben muss für ihn so viel Abwechslung wie möglich bieten, und so wechselt er auch gern seine Kleider, um im immer neuen Kostüm gesehen zu werden. Geld spielt für ihn da nur eine sehr geringe Rolle, wichtiger ist ihm das Abenteuer, die neue Entdeckung.

Darum sagt man dem Schützen nach, so viel und gern zu reisen. Neue Bekanntschaften, neue Ländern, neue Einflüsse, er dürstet danach, denn er möchte vor allem seinen geistigen Horizont erweitern. Man wird ihn darum nur selten auf Mallorca im Liegestuhl vorfinden mit dem einzigen Zweck, sich zu bräunen und es sich gutgehen zu lassen. Das wäre ihm nicht genug. Man findet ihn deshalb bestimmt auch selten zweimal am selben Fleckchen auf dieser Welt, denn das wäre ihm viel zu langweilig. Er macht eigentlich gar keinen Urlaub, sein ganzes Leben ist eine Reise, um neue Erfahrungen zu sammeln, und im tiefsten Herzen möchte der Schütze das Leben erkunden und verstehen. Es geht ihm um den Sinn des Lebens, um ein tieferes Verstehen unseres Aufenthaltes auf diesem Planeten, womit er auf der ständigen Suche nach sich selbst ist.

Die Oberflächlichkeit, die besonders den Zwilling auszeichnet, der ihm im Tierkreis genau gegenüberliegt, ist dem Schützen suspekt und sehr fremd. Smalltalk und Gespräche über das Wetter kann man mit ihm weniger gut führen. Es braucht einen neuen Trend, eine neue Sichtweise, am besten ein neues Buch über eine noch unbekannte Lebensphilosophie oder neue Erkenntnisse der Quantenphysik, um den Schützen fesseln und begeistern zu können. Überhaupt wird er der Erste sein, der den neuesten Trend kennt und anderen darüber erzählt. Der Schütze wird wie durch Magie von einer unsichtbaren Spürnase geleitet, wenn ein neuer Club eröffnet hat oder ein neuer Roman auf den Markt kommt, der zum Bestseller avanciert. Der Schütze liebt es, die Weite seines geistigen Horizontes noch größer zu machen und andere daran teilhaben zu lassen. Ein wenig färbt die Großartigkeit des neuen Trends dann auch auf ihn selbst ab. Er redet in leuchtenden Farben über diese neue Richtung, begeistert andere und versteht es nicht selten, sich zum Vorreiter dieses Trends zu machen und selbst daran zu verdienen.

Einer der Schatten des Schützen hat damit zu tun. Er sonnt sich darin, nicht nur einen Trend, sondern besonders bekannte Persönlichkeiten zu kennen und mit ihnen zu verkehren. Egal ob es sich um Stars, Politiker oder andere Prominente handelt, der Schütze sucht ihre Nähe, damit deren vermeintliche Größe ein wenig auf ihn selbst abfärbt. Er liebt an diesen Menschen besonders ihre Fähigkeit,

Dinge umzusetzen und ihre Vision des Neuen zu leben oder, um es kurz zu machen, dass diese Menschen ihrem Leben einen Sinn zu geben verstehen. Der Schütze wird dann zum Anhänger dieser Person, zum echten Fan, aber nur, damit der Glanz auch auf ihn scheint.

Ein zweiter Schatten knüpft am ersten an und hat damit zu tun, dass der Schütze sein Umfeld nach diesem Kriterium der Interessantheit auswählt. Wer ihm nicht nützt und wer kein für ihn bedeutendes Leben führt, der ist für den Schützen nicht von Belang. Er lässt durchaus manchmal Leute fallen, die von der Entwicklung überholt wurden und nun drohen, in der Versenkung zu verschwinden. In gewisser und keinesfalls böswilliger Weise nutzt der Schütze seine Kontakte aus, um dann auf seiner ständigen Suche nach neuen Einflüssen wieder weiterzuziehen. Dies führt zu einem weitgespannten beruflichen Netzwerk an Personen und Kontakten, das seinesgleichen sucht.

Vor allem sollte man im Umgang mit dem Schützen aber wissen, dass er gern mehr verspricht, als er später halten kann. Eine meiner besten Freundinnen ist Schütze und ich kenne schon ihr Versprechen, nach einem längeren Telefonat: »Ich rufe dich dann morgen nochmals an.« Natürlich wird sie das niemals tun. Ich verstehe es heute eher als eine Art Absichtserklärung, mit mir in Kontakt bleiben zu wollen. Für den Schützen reicht es, die Absicht ausgesprochen zu haben. Geistig ist er damit aber schon am Ziel, was ihm bereits genügt. Reden statt Handeln könnte man diese Devise in Kurzform nennen.

Der Schütze trägt in sich das Bedürfnis, die Welt in ihren Grundfesten verstehen zu wollen. Er ist ein sinnsuchender Visionär, der mit seiner Begeisterung andere von neuen Entwicklungen überzeugen kann. Es geht ihm um die Vervollkommnung des Menschen und darum, diese Welt zu einem besseren Ort zu machen. Ohne ihn wäre diese Erde um manches ärmer, und viele neue Trends hätten sich ohne seine Unterstützung vielleicht niemals wirklich durchgesetzt.

Sternzeichen Steinbock (22.12. bis 20.1.)

Positive Verhaltensweisen,
Steinbock in seiner bewussten, reifen Form:
- leistungsorientiert
- ehrgeizig
- fleißig
- kontrolliert
- geduldig
- produktiv
- verantwortungsbewusst

Negative Verhaltensweisen,
Steinbock in seiner unbewussten, unerlösten Form:
- streng zu sich und anderen
- alles alleine machen wollen
- kleinlich
- kontrollierend
- pessimistisch
- stur
- macht alles kompliziert

Der Steinbock ist das dritte der drei Erdzeichen und schließt den Kreis nach Stier und Jungfrau. So wie seine beiden Vorgänger befasst auch er sich eingehend mit der Realität und kümmert sich intensiv und gern um alle täglich anstehenden Arbeiten. Vor allem trachtet er aber nach weltlichem Erfolg und ist so strebsam wie verantwortungsbewusst. Keine Aufgabe ist ihm zu groß, er scheut keinerlei Mühe und ist das leistungsorientierteste Zeichen im Tierkreis. Er möchte etwas Bleibendes hinterlassen, wenn er diese Welt verlässt, etwas, das an ihn erinnert und ein dauerhaftes Zeichen setzt.

Diese Prägung hat der Steinbock oft bereits als kleines Kind. Man kann sicher darüber streiten, ob der Steinbock die vielen Aufgaben von außen erhalten hat, als er noch jung war, oder ob er sie sich selbst suchte, um sich und sein Verantwortungsbewusstsein erstmals unter Beweis zu stellen. Auf jeden Fall drängt es ihn immer danach, sein Leistungsvermögen zu zeigen. Er ist als Kind schon ein »kleiner Erwachsener«, der zuerst seine Hausaufgaben macht, bevor er zum Spielen nach draußen geht. Niemand muss ihn drängen oder daran erinnern, seine Termine einzuhalten und für die Prüfung zu lernen, das liegt ihm sozusagen im Blut und muss von ihm nicht sonderlich erlernt werden.

Dabei liegt ihm die unnütze, unnötige Arbeit fern. Wenn er sich schon so schindet, dann muss dahinter immer ein sinnvoller Zweck verborgen sein, den Außenstehende allerdings oft nicht sehen. Der Steinbock neigt dazu, aus allem ein Geschäft zu machen, selbst wenn er aus den edelsten Motiven handeln mag. In seinem Hinterstübchen muss sich seine Mühe immer lohnen, sie soll sich letztlich in irgendeinem materiellen Vorteil widerspiegeln. Das ist von seiner Seite durch und durch normal und keinesfalls böse gemeint, in ihm steckt ein kleiner Unternehmer, sein zu erwartender Erfolg muss ja schließlich eine gesunde Basis haben.

Betrachten wir die Planeten, dann ist der Steinbock durch den Saturn geprägt, der für Struktur, Disziplin und eine höhere Ordnung steht. Saturn symbolisiert in der weltlichen Ebene auch politische Strukturen, die die Ordnung aufrechterhalten, etwa die Polizei oder das Parteiensystem selbst, das die Struktur im Land bestimmt und verkörpert. Steinböcke werden von solchen Strukturen fast magisch angezogen, und viele Steinböcke gehen in die Politik oder besetzen Stellen in der Stadtverwaltung oder in öffentlichen Gremien. Ihr Verantwortungssinn führt sie schon fast automatisch in leitende Stellen, wo sie über eine gewisse Macht verfügen. Und es stimmt, eine versteckte Seite des Steinbocks hat gern die Zügel in der Hand, er hat gern die Leitung über sein Leben und die damit verbundenen Vorhaben, denn er fühlt sich sicherer, wenn er die Kontrolle hat. Tief in ihm verborgen stecken nämlich eine gewisse Unsicherheit und ein Misstrauen dem Leben gegenüber. Darum hat er auch die Tendenz, Dinge lieber allein zu bewältigen, ohne sich helfen zu lassen. Nur wenn er es alleine tut, läuft er nicht Gefahr, vom anderen enttäuscht zu werden.

Saturn steht schließlich auch für eine gewisse Härte, die der Steinbock gegenüber sich selbst zeigt und die er auch den Menschen seiner Umwelt angedeihen lassen kann. Damit eine Struktur erhalten werden kann, muss sie gegen Angriffe von außen verteidigt werden. Innere wie äußere Härte scheinen für ihn untrennbar zur Schule seines Lebens zu gehören. Es fällt ihm schwer, spielerisch und leicht durch seine Aufgaben zu gehen, vielmehr erlebt er sie zumeist als Pflichterfüllung, der er sich gern unterwirft. Das Schwabenland scheint eine Hochburg des Steinbocks zu sein, der Leitspruch »Schaffe, schaffe, Häusle baue und net nach de Mädle schaue« passt zum Steinbock wie gemalt.

Ein Steinbock wird früher oder später immer zu Ansehen oder Erfolg kommen, da er sich seiner Aufgabe wirklich voll und ganz verschreibt, er dient sozusagen seinem großen Werk, hinter das er alles, auch sich selbst, nur zu gern zurückstellt. Kein anderes Sternzeichen definiert sich so sehr über die von ihm vollbrachte Leistung. Nur indem er wirklich große Leistungen erbringt und Verantwortungen anhäuft, fühlt er sich gut und findet seine Befriedigung. Er zieht sein gesamtes Selbstwertgefühl aus seiner Tätigkeit. Und er scheut darum keine Aufgabe, im Gegenteil, oft wagt er sich sogar an Vorhaben, die so groß sind, dass andere gar nicht erst damit beginnen würden.

Natürlich liegt dann die Schattenseite des Steinbocks in der Tendenz, sich mit dieser großen Anzahl von Aufgaben zu überfordern. In dem Drang, seine Leistung vollbringen zu müssen, bleibt nur noch wenig Raum zum spielerischen Sein oder zur Kurzweil. Im Steinbock ist ein strenger, ein strebsamer Charakter zu finden, dem in der vielen Arbeit leicht seine Freude abhandenkommen kann. Dann wird er nörgelnd und überkritisch, findet bei allem ein Haar in der Suppe. Er redet nur noch schlecht über andere und macht sich selbst das Leben unnötig schwer. Er verkompliziert so selbst einfache Arbeiten und sieht doch gerade darin den Beweis seiner eigenen Tüchtigkeit. Im Licht gelebt, können wir uns am Steinbock aber abschauen, wie es geht, ganz in einer Aufgabe aufzugehen und hierin seine Bestimmung zu finden.

Sternzeichen Wassermann (21.1. bis 19.2.)

Positive Verhaltensweisen,
Wassermann in seiner bewussten, reifen Form:
- freiheitsliebend
- tolerant
- unabhängig
- einfallsreich
- wissensdurstig
- gutmütig
- phantasievoll

Negative Verhaltensweisen,
Wassermann in seiner unbewussten, unerlösten Form:
- eigensinnig
- unnahbar
- gefühlskalt
- rebellisch
- flatterhaft
- dogmatisch
- weltfremd

Viele denken beim Sternzeichen Wassermann vielleicht an die frühen 60er Jahre, als das beginnende Zeitalter des Wassermannes ausgerufen wurde, dem im Musical »Hair« und seinem Titelsong »Aquarius« ein Denkmal gesetzt wurde. Mit der Kraft des »Flower Power« sollte eine neue

Epoche des Friedens und der Freiheit eingeläutet werden, die in ihren Ideen sehr der Französischen Revolution ähnelte, der es um die verwandten Werte »Freiheit, Gleichheit, Brüderlichkeit« ging. Damit haben wir bereits die wesentlichen Beweggründe des Wassermanns umschrieben, dessen geistige Ausrichtung sich nicht mit Kleinigkeiten aufhält und der lieber auf das große Ganze blickt. Ihn interessieren das grundsätzliche Zusammenleben der Menschen untereinander und neue Formen der Gesellschaft, was in der aktuellen Zeit der Globalisierung sehr aktuell erscheint. Dem Wassermann geht es um die Reform, die Veränderung der weltweiten Zustände zum Besseren. Für mich ist die erfolgte Zusammenführung der europäischen Staaten zur EU ein untrügliches Zeichen dafür, wie sehr wir uns bereits im Zeitalter des Wassermannes befinden, ohne es bemerkt zu haben.

Man könnte sagen, der Wassermann ist tief in seinem Herzen ein romantischer Hippie, der an eine bessere Welt glaubt. Aber nicht nur das, er geht weit darüber hinaus. In ihm steckt außerdem ein Rebell, ein unablässiger Kämpfer für die Auflösung von einschränkenden Grenzen, Pflichten und Lasten. Der Planet des Wassermannes ist der Uranus, der den Menschen befreien will und der nach Unabhängigkeit strebt, um sich selbst immer mehr verwirklichen zu können. Ein einmaliges Individuum zu sein, seine Besonderheit zu finden und zu leben, sich selbst zu optimaler Entfaltung zu bringen – zu werden, was du wirklich bist – das sind die Qualitäten, nach denen sich der Wassermann sehnt.

Mit dem Wassermann kommen wir nach Zwilling und Waage zum dritten im Bunde der Luftzeichen. Er nutzt seinen Verstand nicht nur, um Wissen weiterzugeben (Zwilling) oder um diplomatisch für Harmonie in seinem Umfeld zu sorgen (Waage), nein, der Wassermann nutzt sein Wissen und seinen sprudelnden Erfindungsreichtum dazu, diese Welt zu einem besseren Ort zu machen und neue, modernere Formen der Zivilisation zu etablieren. Seine Sichtweise geht über die Themen des Einzelnen hinaus und betrachtet politische, soziale und rechtliche Fragestellungen, die uns alle betreffen.

Eine Schattenseite dieser anscheinend durch und durch edlen Gesinnung des Wassermannes liegt in seiner Weltfremdheit. Ja, er hat die wunderbarsten Ideen und Einfälle, er bleibt aber lieber dabei, sie immerfort neu zu gestalten und zu verändern. Umsetzen sollen sie bitte die anderen. Der Wassermann hat oft etwas Unberührbares, leicht abgehoben schwebt er in seinen geistigen Sphären und findet hier seine Erfüllung. Das muss doch wohl genug sein! Der Wassermann trägt in seinem Symbol des Tierkreises passenderweise den Krug, der den Menschen das Wasser des Lebens bringt. Ausschütten, Bewässerungswege bauen, anbauen und ernten sollen dann aber bitteschön andere. Für die Dinge des täglichen Lebens ist sich der Wassermann häufig zu schade, müsste er dazu doch aus dem hohen Elfenbeinturm seines Gedankenpalastes heruntersteigen und sich die Hände schmutzig machen.

Ebenso abgehoben kann sich der Wassermann im täglichen Umgang mit anderen zeigen. Auf der einen Seite setzt er sich für Menschenrechte oder bessere Arbeitsbedingungen in seiner Firma ein und kämpft aufopferungsvoll für Schwache. Sein Blick umfasst dabei immer die gesamte Gruppe und ist weniger auf den Einzelnen gerichtet. So sozial er eingestellt sein mag, so kann er doch im täglichen Umgang mit Einzelnen schroff oder gefühlskalt erscheinen. Dies liegt vor allem an seinem fehlenden Vermögen, mit den eigenen wie mit den Gefühlen anderer umzugehen. Wie alle Luftzeichen identifiziert er sich mit seinem klugen Verstand und sieht seine Gefühle mehr als Fremdkörper.

Womit man ihn aber in geselliger Runde begeistern kann sind Diskussionen. Mit kaum einem anderen Sternzeichen kann man so gepflegt Meinungen austauschen und debattieren. Er liebt es, Wissen zu teilen und weiterzugeben, und schmückt sich gern mit seiner bestechenden Logik und seinem breiten Allgemeinwissen. Mit Wassermännern kann man wirklich über alles reden, alles findet ihr Interesse und zu allem können sie etwas Erhellendes beitragen. Es gibt kaum ein Thema, über das sie nicht trefflich reflektieren könnten.

Wassermänner sind sicherlich etwas ganz Besonderes, aber darauf können sie leider manchmal ganz besonders stolz sein. Eine weniger lichtvolle Seite an ihm betont diese spezielle Eigenart des Wassermannes, der dazu neigt, immer anders und besonders zu sein. Er möchte aus der Masse herausstechen und trägt dann einen auffallenden Hut, bunte Kleidung oder andere spezielle modische Accessoires. Er legt einen viel zu großen Wert auf seine persönliche Note und seine Originalität – und das in seinem ganzen Verhalten. Leicht wird er dann zum Snob, der sich wähnt, über den Dingen zu stehen.

Trifft man einen Wassermann, so tut man gut daran, ihn immer ein wenig zu überraschen und für geistige Anregung zu sorgen. Sein wacher Verstand will gefüttert werden, sonst droht man, ihn zu langweilen. Und das wäre doch schade, denn solch ein phantasievolles Gegenüber findet man nicht alle Tage.

Sternzeichen Fische (20.2. bis 20.3.)

Positive Verhaltensweisen,
Fisch in seiner bewussten, reifen Form:
- intuitiv
- mitfühlend
- tolerant
- kreativ
- hilfsbereit
- anpassungsfähig
- idealistisch

Negative Verhaltensweisen,
Fisch in seiner unbewussten, unerlösten Form:
- übersensibel
- Opferhaltung
- naiv
- disziplinlos
- entscheidungsunfähig
- ängstlich
- verträumt

Mit dem Sternzeichen Fische endet nun der Tierkreis, der mit dem Zeichen Widder begonnen hatte. Wenn wir diesen Weg durch die Sternzeichen mit der Entwicklung des Menschen vergleichen, dann trug der Widder viele Züge eines kleinen Kindes, das frisch auf die Welt gekommen ist und das seine neu gewonnenen Kräfte erst einmal ausprobieren möchte. Für die Eigenschaften des letzten Zeichens Fische bedeutet dies nun in gewisser Weise den Abschluss, die Vollendung und das Ankommen am Ziel dieses bewegten Lebensweges.

Der Fisch ist dem Planeten Neptun zugeordnet, der die Dinge gern versteckt und verschleiert. Der Fisch versteht es nun, hinter diesen Nebel zu blicken und die Schleier zu lüften, die für andere undurchschaubar bleiben. Genauso ist der Fisch für viele andere ein Rätsel, lebt er doch in einer besonderen, ganz eigenen Welt seiner Träume, Phantasien und Eingebungen. Einen Fisch kann man schon darum nicht verstehen, da seine Handlungsweise weniger vom Denken als von seinem Fühlen geprägt ist, lebt er doch mehr aus seiner Intuition heraus und ist auf geheimnisvolle Weise mit den Wirkkräften des Universums verbunden.

Dies wird deutlich, wenn man entdeckt, dass der Fisch im Tierkreis genau gegenüber dem Zeichen Jungfrau liegt, das durch wachen Verstand, analytisches Denken und eine scharfe Analyse zu bestechen weiß. Der Fisch lebt und steht nun für das genaue Gegenteil dessen: Er ist verträumtes Spüren, feinfühliges Wahrnehmen und sensibles Einfühlungsvermögen. Diese Seite unseres Menschseins ist mindestens in den letzten hundert Jahren zu kurz gekommen und wartet nun darauf, wie im Märchen wachgeküsst zu werden. Wir sind vor allem fühlende, empfindsame Wesen, die auf diese Erde gekommen sind, um gefühlte, wirklich erlebte Erfahrungen machen zu können. Wirkliches Erleben findet aber nicht nur im Kopf, nein, vor allem in unserem Herzen und im Empfinden statt. Um wirkliche Erfahrungen sammeln zu können, benötigen wir unser Herz ebenso sehr wie unseren Kopf. Im Seminar fordere ich meine Teilnehmer darum häufig auf, sich mehr auf ihr Gespür und ihre Intuition zu verlassen, also »auf positive Weise den Verstand zu verlieren«. Dem Fisch liegt dieses Verhalten besonders nah, er muss es im Grunde gar nicht erst lernen, er lebt sowieso bereits danach.

Dieses Verhalten zeigte der Fisch bereits in seiner Kindheit. Ganz in seinen Träumereien verfangen, fiel es dem kleinen Fisch oft schwer, in der Schule dem Geschehen zu folgen. Wahrscheinlich wurde er manchmal ermahnt, nicht aus dem Fenster zu schauen. Der Fisch ist so reich an Eindrücken und inneren Empfindungen, dass sie ihn übermannen können und er Gefahr läuft, sich mitunter ganz in seiner eigenen Welt der Illusionen und Träumereien zu verheddern. Hier liegt das größte Potenzial des Fisches ebenso wie sein größter Schatten. Seine Sensibilität ist so groß, er wird nur allzu leicht vom ständigen Strom seiner Eindrücke davongetragen und muss erst lernen, die Spreu vom Weizen zu trennen. Er muss erforschen, was an seiner Wahrnehmung geträumte Illusion und was gespürte Intuition sein könnte.

Einen Fisch durchströmen zahlreiche Bilder und Eindrücke, die er erspüren kann wie ein feines Messgerät, so dass er fast schon gezwungen ist, dieses scharfe Instrument zuerst zu eichen, um eine Art Skala seiner Empfindungen zu bekommen. Er hat bereits als Kind gespürt, wie andere Menschen empfinden, er ist darüber hinaus in der Lage, die Stimmung in einem Raum oder die Energie an einem Ort genauestens wahrzunehmen. In seiner Jugend missbraucht der Fisch darum gern diese Gabe, um sich übermäßig anzupassen und so zum Beispiel dem Bild der Eltern zu gefallen, das sie von ihm haben. Er spielt dann, ganz Neptun und Nebelwerfer, eine passende Rolle – und das kann für jeden Anlass eine andere sein. Ihm gelingt es damit, Reibereien und Konflikten aus dem Weg zu gehen, die bei seiner Empfindsamkeit für ihn nur schwer zu ertragen sind.

Wer so viel fühlt, der verliert sich darin ganz schnell selbst. Was der Fisch als Wichtigstes lernen sollte, ist, die eigenen Empfindungen von denen der anderen zu trennen. So verrückt dies auf den ersten Blick erscheinen mag, der Fisch fühlt so vieles andere, dass ihm am Anfang seines Lebens der Zugang zu seinen eigenen Empfindungen fehlt. Das heißt, natürlich sind seine Gefühle vorhanden, nur kann er sie in der großen Lostrommel mit der Vielzahl an anderen Eindrücken weder orten noch benennen. Der für ihn vorgezeichnete Weg führt ihn darum zu sich selbst, in sein Herz. Jede Rückverbindung zu seinem inneren Zentrum vermag es, ihm einen Zugang zur Quelle seiner eigenen Empfindungen zu schenken. In seinem Herzen kann er einen Ort entwickeln, der ihm Rückhalt sein kann in den Irrungen und Wirrungen des Lebens. Gelingt es ihm, sich selbst mehr zu spüren, dann wird er seine intuitiven Eingaben besser steuern und einordnen können. Im Herzen findet er zu seiner wahren Persönlichkeit, hinter allen Maskeraden und Schauspielereien.

Ein Fisch in seiner reinsten Form hat zu sich selbst gefunden. Er vermag es, seine Feinfühligkeit in kreativen Ausdrucksformen darzustellen, und entdeckt sich dabei immer mehr selbst. Dann bekommt er einen Zugang zu der tieferen Form seiner Intuition, die ihn lenken und führen kann. Er kann dann zum Lehrer für andere werden, der ihnen beibringt, der inneren Führung mehr Gewicht zu schenken und ihr immer mehr zu vertrauen.

Kapitel 6

Wie bestellt dein Sternzeichen am besten?

Wie gerade bei den Lebenszahlen, so kommen wir jetzt nach der allgemeinen Beschreibung der Sternzeichen zu ihren Besonderheiten, was das Bestellen beim Universum angeht. Such dir also dein Sternzeichen heraus und schau, welcher Bestelltyp du aus Sicht der Sterne bist. Das Schnuppern bei anderen Zeichen ist übrigens ausdrücklich erlaubt! Vielleicht entdeckst du dabei auch noch einiges Wissenswerte über dich, das dir beim Wünschen hilfreich sein kann.

Bei jedem Tierkreiszeichen habe ich dir einen kleinen Hinweis hinzugefügt, wie du dein spezielles Thema bei deinem Bestelltyp modifizieren kannst. Diese Tipps erscheinen oft recht einfach, können aber eine große Tragweite haben, wenn sie beherzigt werden. Probiere diese kleinen Veränderungen in deinem Alltag doch einmal aus und lass dich überraschen, welch große Wirkung sie erzielen können!

Sternzeichen Widder

Um das Verhalten eines Widders beim Wünschen zu charakterisieren, fällt mir sofort der Ausspruch eines Freundes ein, selbst ein Widder: »Schatz, mach die Tür zu, ich komm jetzt rein!« Ein Widder weiß nicht, wohin mit seiner Lebenskraft, und neigt dazu, sie darum überall nur zu verschleudern. Auf diese Weise geht er mit allem in seinem Leben um. Probleme löst er vorzugsweise durch das berühmte Verfahren, das von ihm erfunden worden sein muss: »Mit dem Kopf durch die Wand.«

Das einzige Hilfsmittel, das dem Widder zur Bewältigung seiner Lebensthemen zur Verfügung steht, ist ein großer schwerer Hammer. Von Mark Twain stammt dazu ein treffender Ausspruch: »Wenn dein einziges Werkzeug ein Hammer ist, wirst du jedes Problem als Nagel betrachten!« Im gleichen Sinne verfährt deshalb der Widder typischerweise, geprägt von seinem Motto: »Immer feste druff!«

Das doch eher feine und etwas hochgeistige Bestellen ist dem Widder darum zunächst etwas suspekt. Er ist daran gewöhnt, gut zu wissen, was er will, und das kann er sich durch seine große Energie auch holen. Im Zweifel kämpft er sogar darum und entwickelt sogar noch Freude daran. Er lebt dafür, sich zu reiben, sich durchzusetzen, und findet es noch besser, einen gebührenden Kontrahenten zu haben, mit dem er sich messen und seine Kräfte vergleichen kann.

Nun, das Universum ist in diesem Sinne jedoch kein würdiger Gegner. Mit ihm müssen wir nicht kämpfen, es gibt uns sogar sehr bereitwillig und im Überfluss, was wir möchten. Dem uralten archaischen Prinzip des ständigen

Kampfes stellt das Bestellen nun ein neues Modell gegenüber: Du darfst dir etwas wünschen. Du musst nicht immerzu um alles kämpfen.

Beim Bestellen sollte der Widder darum die neue Chance ergreifen und seine Energie verfeinern. Ein Widder ist
mehr körperlich orientiert und daran gewöhnt, seine Kraft
eher sportlich einzusetzen. Aber so wie ein gesunder Geist
nur in einem gesunden Körper wohnen kann, so steht es
dem Widder offen, seine hohe Energie ebenfalls in die
geistige Ebene sozusagen umzuleiten, um sich etwas zu
wünschen und mit dem Bestellen anzufangen.

Insgesamt ist es für den Widder sicher besser, genauer
hinzuschauen, wo es sich wirklich zu kämpfen lohnt. Denn
auch wenn es für ihn nicht so klar ist, selbst seine Batterien
sind nicht unerschöpflich. Spätestens im Alter wird er sich
seiner Grenzen immer mehr bewusst, und dann ist es
sicher ratsam, einen Plan B in petto zu haben. Kämpfen ist
für ihn dann kein Selbstzweck mehr und er findet andere
Inhalte, über die er sich definieren kann. Vielleicht findet
er dann sogar in den Bestellungen beim Universum eine
Sache, für die es sich zu kämpfen lohnt und für deren
Durchsetzung er sich voll und ganz einsetzen möchte. Ich
würde es mir sehr wünschen. Es ist immer angenehmer, einen Widder im eigenen Team spielen zu haben.

Bestelltyp: Der Krieger

Mein Tipp für dich: Als Widder solltest du dir hin und
wieder die Frage stellen: Wofür lohnt es sich zu kämpfen?
Was ist mir wirklich so wichtig in meinem Leben, dass ich
dafür meine ganze Tatkraft einsetzen möchte? Wer mit so

viel Elan und Tatkraft gesegnet ist wie du, neigt dazu, bei allem, was er tut, immerzu Vollgas zu geben. Doch auch der größte Akku wird irgendwann einmal leer. Manchmal kämpfst du bei Dingen, die nicht der Rede wert sind und darum auch eher keinen so großen Einsatz erfordern. Selektiere ein wenig öfter, teile die Guten ins Töpfchen und die Schlechten ins Kröpfchen, so wie Aschenputtel. Dann hast du viel mehr Kraft übrig für diejenigen Dinge, die dir wirklich wichtig sind. Und du entwickelst viel mehr Freude, wenn diese Dinge wachsen dürfen und von dir umgesetzt werden. Ein Motto, das ich jetzt schon einige Jahre beherzige und das ich an dich weitergeben möchte, lautet: Weniger ist ganz oft mehr. Tue also weniger, aber dafür mit viel mehr Entschlossenheit! Und lass dir gern ein wenig mehr vom Universum dabei helfen!

Sternzeichen Stier

Nach dem Widder, der durch seine überschäumende Energie vieles verändern und erneuern möchte, folgt nun mit dem Sternzeichen Stier eine gegenläufige Herangehensweise an das Leben. Der Stier möchte das bewahren und sichern, was der Widder erobert und errungen hat. Nichts ist den Stier so wichtig wie die Wahrung des Status quo, und niemand beharrt so auf der Einhaltung der bestehen Zustände und Grenzen.

Auf das Bestellen bezogen versteht es sich von selbst, dass er dieser neuen Ideen gegenüber zuerst einmal skeptisch gegenübersteht. »Kennen wir nicht, wollen wir nicht«, ist seine vorrangige Devise. Man sollte ihn dann von außen besser nicht davon überzeugen wollen, denn der Stier reagiert auf jede Form von Zwangsbeglückung durchweg allergisch. Niemand kann so stur werden wie er, und bewegen tut er sich geistig in neue Sphären nur dann, wenn er sich selbst dazu entschlossen hat. Und das kann dauern. Das sogenannte »Aussitzen« eines Themas oder eines Problems ist von einem Stier erfunden worden.

Um also einen Stier vom Bestellen überzeugen zu wollen, braucht man erstens einen langen Atem und zweitens sollte man ihn tunlichst damit in Frieden lassen. Das Beste ist, ihm so ganz nebenbei davon zu erzählen, am besten bei einem schönen Essen. So wie Liebe bekanntlich durch den Magen geht, so ist ein Stier immer besserer Laune, wenn er erst einmal etwas im Bauch hat. Dann wird er möglicherweise sogar so neumodischen Strömungen wie dem Bestellen gegenüber aufgeschlossener. Aber sicher nur ein wenig. Verlangen wir nicht zu viel von ihm. Gut Ding will Weile haben, besonders bei ihm.

Ist der Funke der Begeisterung dann endlich bei ihm entfacht, taucht ein neues Problem beim Bestellen am Horizont auf. Denn das Wünschen ist ja nicht nur etwas Neues, es möchte ja, was noch viel schlimmer ist, auch noch alles neu und anders wünschen. Wo bleibt denn da bitte der vom Stier so heiß geliebte Status quo? Nein, nein und nochmals nein, sagt da zunächst ein jeder Stier. Das ist mir jetzt aber viel zu viel Veränderung auf einmal!

Seine Treue und der übergroße Hang des Stieres, alles Bestehende bewahren und schützen zu müssen, ist ein Glück für jede Familie, jede Firma oder jeden Verein. Beim Bestellen wird dieses wesentliche Ziel eines Stieres auf den ersten Blick zunächst einmal gefährdet. Dann entdeckt er aber, wie er das Wünschen doch für genau diesen Zweck einsetzen kann. Dann bestellt er sich etwa, dass es seiner Familie gut geht und seine Firma noch sehr lange bestehen bleibt. Beim Wünschen gibt es ja viele Optionen.

Ist der Stier erst einmal auf den Geschmack gekommen, wird ihm erst der wahre Reiz des Bestellens bewusst. Phlegmatisch und ein wenig faul, wie ein Stier eben ist, kommt das Wünschen seiner Ausprägung wirklich entgegen, denn das Universum tut es ja für ihn und liefert, er muss dann so manches gar nicht mehr selbst erledigen. Was für eine Wohltat für den antriebsarmen Stier. So lässt es sich leben! Genusssucht ist eben seine schwache Seite. Das Universum ist zum Glück sehr trickreich und weiß genau, wie es seine Pappenheimer auf seine Seite ziehen kann.

Bestelltyp: Der Schützer und Bewahrer

Mein Tipp für dich: Übe dich spielerisch immer mal wieder in kleinen Veränderungen, die du in deinen Tagesablauf einbaust. Der gleiche Trott tagaus, tagein langweilt doch wirklich, wenn wir einmal ehrlich sind. Darum, bring ein wenig frischen Wind in dein Handeln! Steck dir deine Haare einmal anders, rasiere dich zuerst auf der rechten statt auf der linken Wange, wie du es schon seit Ewigkeiten tust. Frage dich selbst manchmal: Was könnte ich heute anders machen? Fahre einen anderen Weg zur Arbeit oder benutze hin und wieder dein Fahrrad dazu. Esse anderswo zu Mittag als sonst oder frag den neuen Kollegen, ob er Lust hat mitzugehen. Trage doch morgen einfach mal das neu schicke Hemd, das schon so lange im Schrank hängt und auf eine besondere Gelegenheit wartet. Wo in deinem Leben möchtest du etwas anders machen? Und – wie fühlt es sich an, dich ein wenig auf Veränderungen einzulassen? Sag manchmal und immer öfter »Hallo« zu ein wenig Abwechslung. Dann sagen die Bestellungen beim Universum auch häufiger »Hallo« zu dir.

Sternzeichen Zwilling

Das Zeichen Zwilling hat wahrscheinlich von ihrer besten Freundin vom Bestellen gehört und es dann gleich wieder vergessen. Denn gleich darauf hörte sie wieder von etwas anderem sehr Interessanten und so weiter und so fort. Bei einem Zwilling laufen eben ständig die spannendsten Informationen zusammen, und er hat dann alle Hände voll zu tun, diese brandaktuelle Neuigkeit ebenfalls sofort an den gesamten Freundeskreis weiterzugeben. Wo bleibt denn da bitteschön noch Zeit, es selbst wirklich einmal zu tun und auszuprobieren? Komm, lass uns viel lieber noch mal ein wenig darüber plaudern!

Zwillinge waren sicher die Ersten, die vom neuen Trend des Bestellens gehört haben – nur um ihn gleich darauf in all ihren Kanälen zu verbreiten. Bärbel war übrigens unter dem Aszendenten Zwilling geboren und hat ja ebendies getan. Zwillinge werden im Gegensatz dazu aber eher die Letzten sein, die dann tatsächlich mit etwas anfangen. Wahrscheinlich werden sie erst damit beginnen, wenn ihnen immer mehr Freundinnen von den Erfolgen dabei berichten – dann aber mehr aus der Not heraus, damit sie wieder mitreden können. Denn sonst könnte der Zwilling ja nur zuhören, aber viel besser ist es doch weiterzuerzählen, was einem selbst dabei widerfahren ist.

Kommunikation ist der Mittelpunkt des Lebens eines Zwillings, und darum dreht sich bei ihm alles. Bei so viel geballter Information läuft er jedoch Gefahr, die Weitergabe der Neuigkeiten bald wichtiger zu nehmen als deren Inhalt. Sein Motto kann dann lauten: »Hört mal alle her, ich weiß etwas!« Die Gefahr dabei besteht darin, sich über dieses große Wissen zu definieren und nicht mehr über sich selbst. Das gehörte Wissen, die Meinung anderer wird dann wichtiger und übermächtig, und die eigene Meinung, das eigene Denken, gehen dabei manchmal verloren.

Beim Bestellen geht es aber vor allem darum, was der Zwilling selbst möchte. Es sollte schon der eigene Wunsch sein, der abgesendet wird und der auf dem eigenen Fühlen und Wollen beruht. Ein Aspekt dieses Themas ist zu wünschen, was alle wünschen – oder eben dann das, was die beste Freundin auch wünscht. Das Eigene, Individuelle geht aber so beim Bestellen verloren und es nutzt dann nicht mehr der eigenen Fortentwicklung.

Schlimmer noch, wenn ich andere immerzu frage, was ich denn für mich bestellen soll, dann steht dahinter oft der Zweifel, allein nicht wissen zu können, was man wirklich möchte. Ein Wunsch hat dann aber gar nicht die wirkliche Kraft, fehlt ihm doch die tiefere Verbindung zum eigenen Wollen und Fühlen. Solche Bestellungen verpuffen eher, als dass sie geliefert werden. Ein Zwilling, der so eher seinen ruhelosen Schatten lebt, sollte sich noch klarer darüber werden, was er denn eigentlich wirklich will.

Das Reden und Weitergeben der eigenen Erfolge im weiteren Freundeskreis motiviert und unterstützt ihn wie auch alle, die mithören. Der Zwilling gewinnt durch seine humorvolle und umgängliche Art nämlich rasch die Herzen seiner Zuhörer. Im Feuer seiner Begeisterung verbreitet sich das Bestellen dann wie ein Lauffeuer und steckt andere an. Am Ende sogar den Zwilling selbst. Er hört sich eben zum Glück immer selbst zu und begeistert sich dabei dann selbst am meisten für das, was er gerade erzählt.

Bestelltyp: Der Vernetzer und Vermittler

Mein Tipp an dich: Für den manchmal etwas janusköpfigen Zwilling, der sich und sein Fähnchen gern nach dem Wind der vorherrschenden Meinung dreht, sollte eine Zeit lang nur die eine Frage im Zentrum seines Interesses sein: »Was möchte ich wirklich? Was ist mir wirklich wichtig? Was möchte ich?« Das Bestellen ist eine sehr persönliche Angelegenheit und geht vor allem dich allein etwas an. Leg dir doch ein Tagebuch an und gehe dieser Frage intensiver nach, vielleicht jeden Tag ein wenig mehr. Schreib dir auf, was du dir wünschst, was dein Leben verschönern würde. Sprich gern auch mit deiner besten Freundin, deinem besten Freund darüber, sie oder er kennt dich am besten. Aber triff auf jeden Fall eine Auswahl, was du wirklich willst. Und dann beginne, die Dinge, die dir wirklich wichtig sind, einzeln, Stück für Stück zu bestellen. Dein Schmetterling, der deinem Wesen am meisten entspricht, sollte sich bemühen, manchmal nur auf einer Blüte sitzen zu bleiben, damit das Universum erkennen kann, was du wirklich möchtest. Jetzt, genau das!

Sternzeichen Krebs

Wenn für die Zwillinge die Kommunikation am wichtigsten war, dann ist dies nun für die Krebse das Gefühl. Nur zu leicht verlieren sie sich in ihrem Übermaß an Gefühlen und sind ihnen geradezu ausgeliefert. Der Rückzug, der ganz typisch für den Krebs ist, hat vor allem damit zu tun, diese vielen Gefühle erst einmal in Ruhe ordnen zu müssen. Dazu zieht er sich innen wie außen zurück, um diesen Gefühlen Raum zu geben. Einem Krebs sollte diese Zeit immer gegeben werden, sollte er sich verletzt fühlen oder schlecht behandelt. Mit ihm ist erst dann wieder etwas anzufangen, wenn dieser Schmerz von ihm gefühlt und durchlitten worden ist.

Der Schatten dieser Verhaltensweise ist, dass der Krebs seine überbordenden Gefühle meistens viel zu wichtig nimmt. Schon höre ich ihn jetzt entrüstet aufbrausen: »Aber ich fühle doch, das kannst du mir nicht verbieten!« Ja, in seinen Gefühlen liegt wirklich sein großes Potenzial. Viele Dinge gehen dem Krebs zu Herzen, er verschreibt sich vielem sehr in seinem Gefühl. Und man kann sicher sein, hat ein Krebs erst einmal eine Sache oder einen Menschen entdeckt, die ihm wichtig sind, dann wird er sie zu seiner Herzensangelegenheit machen und sie mit allem versorgen, was nötig und angemessen ist. Nicht von ungefähr findet man unter diesem Zeichen die besten Mütter und Väter.

Wie so oft ist vor die Entwicklung des vollen Potenzials vom Universum aber eine kleine Hürde eingebaut worden. Beim Krebs hat diese mit dem fundamentalen Irrtum zu tun, der Krebs sei sein Gefühl. Alles dreht sich bei ihm um das Fühlen. Das Fühlen wird bestimmend, und der Krebs folgt diesen Gefühlen dann überallhin, sonst wohin.

Das erinnert mich an das amerikanische Sprichwort »Wagging the dog« mit der Bedeutung, dass der Schwanz mit dem Hund wackelt. Ja, es ist toll, fühlen zu können, nur ich sollte mich dem nicht voll und ganz verschreiben. Gefühle sind sonst wie ein Pferd, das nicht eingeritten ist, es macht, was es möchte, und der Mensch obendrauf hat keinerlei Einfluss. Dabei sollte der Reiter doch das Ross führen und nicht umgekehrt.

Krebse sollten darum besonders früh lernen, richtig und achtsam mit ihren Gefühlen umzugehen. Ja, es ist toll und wichtig, seine Gefühle ernst zu nehmen, es braucht aber das richtige Maß dabei, wie bei allem. Der Krebs neigt dazu, sein Leben lang wie ein Teenager himmelhoch jauchzend und dann wieder zu Tode betrübt zu sein. Er feiert seine Gefühle geradezu. Krebse sollten lernen, Mutter für sich selbst, für ihren Überschwang an Gefühlen zu werden. Ja, sie sollten Gefühle ernst nehmen, aber auch ein Teenager braucht manchmal eine Grenze, er muss gesagt bekommen, wann es genug ist mit der Gefühlsduselei. Krebse sollten sich darum darin üben, ihre Gefühle auszuhalten, sie immer wieder in ihr Herz zu nehmen. Ja, es ist wirklich toll, solch eine Spannweite an Gefühlen aufzuweisen, sie brauchen nur hin und wieder eine Grenze, so wie es bei kleinen Kindern auch ist. Betrachte als Krebs deine vielfältigen Gefühle doch manchmal wie deine eigenen kleinen Kinder, die du als Mutter oder Vater erziehst.

Hat der Krebs erst einmal den Bogen raus, seine Gefühle im Zaum zu halten, hat er besonders gute Voraussetzungen für das Bestellen. In seinem großen Gefühlsspektrum ist er häufig ganz verbunden mit seinem Inneren und seiner

Liebe und ist damit in der Lage, wirklich aus seinem Herzen etwas zu wünschen. Am besten für seine Liebsten und seine Kinder gleich mit.

Durch seine häufigen Rückzüge in sein Schneckenhaus zieht er sich aber zu oft selbst aus dem Verkehr und verliert sich in seinem Fühlen. Er ist dann zu sehr mit sich beschäftigt und denkt keine Sekunde an die Möglichkeit, vielleicht hin und wieder auch etwas wünschen zu können. Angemessen mit seinen Gefühlen umgehen zu lernen, eröffnet ihm nicht nur die Fähigkeit, besser bestellen zu können, sondern erleichtert ihm darüber hinaus sicherlich sein ganzes Leben.

Bestelltyp: Der Fühlende

Mein Tipp an dich: Da ich selbst unter diesem Sternzeichen geboren bin, kann ich hier ein wenig aus dem Nähkästchen plaudern. Ich habe schon des Öfteren in meinem Leben erlebt, wie mich der Überschwang an Gefühlen schlicht aus den Latschen gehauen hat. Am nächsten Tag war dann alles nicht mehr so schlimm und das Gewitter hatte sich gelegt. Ich habe dabei gelernt, nicht mehr so häufig die berühmte Mücke zum Elefanten zu machen, was meine Gefühle angeht. Mutter sein für meine Gefühle meint genau dies: Ich sage mir dann, ist doch nicht so schlimm, morgen ist ein neuer Tag und die Welt sieht wieder anders aus. Ja, es stimmt, der Krebs braucht den Rückzug in sein Schneckenhaus, um seine Gefühle zu ordnen. Mit ein wenig Erfahrung braucht dieser Verarbeitungsprozess aber nur noch Stunden und keine Tage mehr. Wenn du also das Gefühl hast, alle seien gemein zu dir und die Welt habe sich gegen dich verschworen, gib deinen Gefühlen Raum, kämpfe nicht gegen sie. Aber lass dich andererseits nicht allzu sehr von ihnen vereinnahmen. Du bist der Chef im Haus, und nach einer Weile Regen darf auch wieder die Sonne scheinen. Gefühle sind wichtig für den Krebs, sollten aber nicht zum Selbstzweck werden, um den sich alles dreht.

Sternzeichen Löwe

Wenn die Krebse ihrem Gefühl zu viel Aufmerksamkeit schenken, dann dreht sich beim Löwen gleich alles darum: Aufmerksamkeit. Er liebt es, beachtet zu sein, und tut darum so manches, um die ihm gebührende Aufmerksamkeit zu erhaschen. Gern steht er im Mittelpunkt des Geschehens und nutzt jede nur mögliche Bühne, um sich zu präsentieren.

Dieses beneidenswerte Selbstbewusstsein führt im Hinblick auf das Bestellen dazu, dass der Löwe sich gern alles erlaubt. Er findet sich sowieso schon toll, da kommt ihm das Bestellen beim Universum gerade sehr gelegen, um sich noch Tolleres zu wünschen. Ihm braucht niemand zu erlauben, sich etwas bestellen zu dürfen, er erlaubt sich so manche Annehmlichkeit und nimmt gern Geschenke entgegen. – Wie viele Löwen benötigt man, um eine kaputte Glühbirne zu wechseln? Keinen! Wozu gibt es schließlich Personal?

Der Schatten dieser Veranlagung liegt darin, das Bestellen dann für die eigene Selbstdarstellung auszunutzen. Der Löwe mag es gern pompös und gern noch eine Größenordnung mehr. Nichts erscheint ihm für seine hohen

Ansprüche genug zu sein, immer möchte er noch eine Schippe oben drauflegen. Er wünscht dann immer noch mehr, wünscht es noch größer, noch toller. Kann er doch dann mit diesen neu gewonnenen Statussymbolen noch besser im Bekanntenkreis angeben.

Gerade für ihn ist es darum beim Bestellen wichtig zu erkennen: Das eigene Glück wird mehr, wenn wir es mit anderen teilen. Der Löwe ist von Grund auf großzügig und wird seine Umgebung immer reich beschenken. Darum ist er auch ein so guter Chef und Vorgesetzter, da er seine ihm so hilfreiche Gefolgschaft immer reich entlohnen wird. Beim Wünschen sollte er die Gaben, die ihm vom Universum entgegengebracht werden, in gleicher Weise an Freunde und Bekannte weitergeben.

Beim Löwen kann der Schatten des Bestellens auftreten, es nur für den Selbstzweck zu betreiben. Unser Ego hat die Eigenart, alles auf sich zu beziehen, und nutzt das Wünschen dann aus, um sich selbst noch mehr zu überhöhen. Es ist darum eine gute Herausforderung für unser Ego, mit anderen zu teilen. Durch das Weitergeben des eigenen Glücks wird uns vielleicht erst so richtig bewusst, wie reich wir tatsächlich sind.

In unserer neuen Zeit wird das Teilen und Weitergeben der Gaben immer wichtiger werden. Das Universum fordert uns auf, auch das Bestellen auf eine neue Ebene zu heben. Die alte Form des Wünschens »alles immer nur für mich« wird immer weniger Bestand haben und zu immer geringerem Erfolg führen. Denn wie soll es mir gut gehen, wenn es dem Menschen neben mir nicht gut geht?

Der Löwe ist ein guter Lenker für jede Gruppe, und es ist ihm von der Wiege auf mitgegeben, sich für andere einzusetzen und für andere zu kämpfen. Beim Bestellen kann seine Hauptlernaufgabe darin liegen, die gelieferten Gaben nicht zur Stärkung seines Egos zu nutzen, sondern Demut zu leben, indem er die Lieferungen an andere weitergibt. Am besten, er schließt andere gleich mit in seine Wünsche ein.

Bestelltyp: Der Selbstbewusste

Mein Tipp an dich: Probiere es doch mal mit dem Segnen! Werde wie eine Sonne, die ja dem Löwen sowieso schon zugeordnet ist. Lass die Strahlen deiner Sonne strahlen, hin zu anderen Menschen, die du in deine Wünsche mit einschließt. Wie du das machst? Du kannst dir gern eigene Formulierungen dazu einfallen lassen, aber hier ein paar Angebote. Wenn dein Chef dich nervt und ungerecht dir gegenüber ist, segne und wünsche: »Mögen alle Chefs tolerant und großzügig werden und das volle Potenzial ihrer Mitarbeiter erkennen und fördern.« Wenn du keine Lust hast, zur Arbeit zu gehen, bestelle dir: »Mögen alle Mitarbeiter meiner Firma jeden Tag gern zur Arbeit kommen. Mögen sie Freude an ihren Aufgaben finden und motiviert und freudig nach Hause gehen.« Das Segnen hat viel Kraft beim Bestellen, da du nun sozusagen »über dich hinaus« wünschst und du dich darum weniger selbst behinderst, was deine eigenen Glaubenssätze und Ablehnungen angeht. Versuche es doch einfach mal. Segnen hat etwas Leichtes, das sehr gut zum selbstbewussten Löwen passt!

Sternzeichen Jungfrau

Unter dem Zeichen Jungfrau finden wir besonders häufig Menschen, die es gern ordentlich haben. Sie machen aus allem eine wichtige Aufgabe und nehmen die Umsetzung sehr genau. Beim Bestellen ist ihr erstes Thema, den Wunsch zu detailliert formulieren zu wollen, ohne dabei zum Ende zu kommen. Die Jungfrau liebt es ganz allgemein, Dinge immer besser und besser machen zu wollen, und scheut für diesen für sie heiligen Zweck kaum eine Mühe.

Bei der Erstellung ihrer Wunschliste kommt sie dabei vom Hölzchen aufs Stöckchen. Sie will den Wunsch, so wie alles, richtig und perfekt machen und sendet ihn darum sehr spät oder manchmal gar nicht erst ab. Der erste Aspekt beim Wünschen ist deshalb, dass die Jungfrau recht selten eine Bestellung aufgibt, ganz einfach, weil bei ihr die für sie richtige Formulierung mitunter recht lange dauern kann.

Der zweite Aspekt dabei hängt eng mit dem ersten zusammen, hat jedoch eine noch weitere Tragweite. Im Streben nach einer immer noch größeren Perfektion überfordert die Jungfrau gern nicht nur sich selbst, sondern das Universum gleich mit. Von Albert Einstein stammt der Ausspruch: »Wer noch nie etwas falsch gemacht hat, der hat auch noch nie etwas Neues versucht.« Das Neue, das wir erlernen wollen, trägt das Falsche oder den Fehler immer in sich. Die Jungfrau will aber gleich zwei Schritte in einem machen und versucht, manchmal ihr Leben lang, gleich beim ersten Versuch des Neuanfangs sofort alles richtig zu machen. Und das widerstrebt der Natur des Lebens schlechthin. Das Neue bringt immer als begleitendes »Übel« den Fehler mit sich. In Deutschland sagt man deshalb, das erste Haus baust du für einen Feind, das zweite für einen Freund und erst das dritte für dich selbst. Jeder Häuslebauer wird diese Erfahrung bejahen. Fehler zu machen ist Teil unseres Lebens. So sehr die Jungfrau allein bei dem Gedanken daran auch auf die Barrikaden geht.

Wenn wir selbst und unser Leben sowieso schon fehlerhaft sind, warum also dagegen ankämpfen? Im arabischen Raum wird dieser Tatsache Rechnung getragen, indem in jeden Teppich mit Absicht ein Fehler eingewoben wird. Man sagt dazu, in diesem fehlerhaften Knoten wohne Gott. Denn die göttliche Schöpfung kann nur mit Hilfe des Fehlers immer wieder alles neu und anders erschaffen. Durch den Fehler gibt es erst die Möglichkeit, beim nächsten Mal, beim nächsten Haus, diesen Fehler anzuschauen und zu verbessern. Und dieser ewige Verbesserungsprozess hört niemals auf.

Denn wäre alles beim ersten Entwurf schon vollkommen gewesen, gäbe es keine Fortentwicklung und damit kein weiteres Neues, das diesen ersten Entwurf verbessern kann, weiter und weiter. Wäre alles schon jetzt optimal und richtig, dann würde dieses Perfekte immer so bleiben müssen, würde immer wieder neu erschaffen, aber alles bliebe beim Alten. Es wäre keine Fortentwicklung, kein neues Erschaffen mehr möglich.

Für die Jungfrau ist diese philosophische Betrachtung sehr wichtig, denn damit wird ihr hoffentlich eine gewisse Lockerheit im Umgang mit dem Leben und den Bestellungen geschenkt. Durch den Fehler, durch das Falsche hat die Schöpfung eine ewig während Möglichkeit, immer wieder neu und wieder anders erschaffen zu können. Und somit ist dieses scheinbar Falsche doch wieder richtig, wohnt, so wie im Teppich, in diesem Fehler doch Gott.

Die Jungfrau hat darum die große Lebensaufgabe, sich mit den Fehlern dieser Welt, die ihr scharfer Blick so genau auszumachen versteht, auszusöhnen. Und ein wenig Jungfrau steckt in diesem Sinne bestimmt doch auch in jedem von uns. Mach deine Fehler zu deinem besten Freund, möchte ich dir darum zurufen. Dies könnte ein wunderbares Motto für unser Leben werden.

Bestelltyp: Der Genaue, der Perfekte

Mein Tipp an dich: Häufig richtet sich der hohe Anspruch, gut, richtig und perfekt zu sein, vor allem zuerst an die Jungfrau selbst. Sie ist ihr größter Kritiker. Ein Trick, der hier sehr hilfreich sein kann, ist es, die Stärke hinter der eigenen Schwäche zu erkennen. Der analytischen Jungfrau kommt dies sehr entgegen. Also schreibe dir doch bitte auf, was du als deine größte Schwäche, deinen größten Makel ansiehst. Immer ist dieser Schatten mit einem lichtvollen Anteil verbunden. Wenn du meinst, etwa bei deiner Arbeit zu gründlich zu sein und darum nicht zum Ende zu kommen, dann mach dir klar, wie wertvoll diese Fähigkeit sein kann, etwa bei der Qualitätskontrolle oder wenn es um eine Beanstandung von Seiten eines Kunden geht. Die Güte der Produkte wird es dir danken und der nörgelnde Kunde wird nachher zufrieden sein, da er sich ernst genommen fühlte. Jeder verfügt über besondere Fähigkeiten, die für andere nutzbringend sein können. Nimm deine Schwächen in dein Herz, stehe zu ihnen – dann entdeckst du erst, wie nutzbringend die darin verborgene Stärke für andere sein kann.

Sternzeichen Waage

Die Waage liegt dem Widder gegenüber, was die sehr gegensätzliche Haltung der beiden schön illustriert. Während der Widder sich mehr um sich selbst kümmert, befasst sich die Waage weit eingehender mit den Personen ihrer Umwelt. Das kann bei ihr so weit gehen, dass sie das eigene Wohlergehen hinter die Bedürfnisse des Mitmenschen stellt.

Demzufolge drehen sich die Gedanken der Waage oft um die Befindlichkeiten des anderen, sei es nun der Partner, das Kind oder der Freund. Ihre Bestellungen haben darum besonders häufig die Themen Partnerschaft, Familie oder Freundschaft und für ihre Beziehung wünscht sie sich dann besonders oft Harmonie oder Glück. Sie leidet sehr darunter, wenn in ihren Beziehungen Spannungen auftreten, denn darauf liegt ihr ganz spezielles Augenmerk. Darum setzt sie sich so stark dafür ein, dass ihre zwischenmenschlichen Kontakte gut und freundschaftlich verlaufen.

Die Waage ist durch und durch Ästhet und wird ihr Wunschritual deshalb nicht mal so nebenbei durchführen. Nein, viel mehr wird sie eine angenehme Atmosphäre dafür schaffen, eine Kerze und ein Duft gehören für sie einfach dazu. Sie ist der Typ, eine Bestellung wirklich zu inszenieren, am liebsten wäre ihr sicher, wenn ihre besten Freundinnen und Freunde mit dabei wären. So wie alles in ihrem Leben schön sein soll, so wird sie auch ihre Wünsche in einem schönen Ambiente ins Universum senden.

Der wunde Punkt bei den Bestellungen liegt bei der Waage schon in ihrem Symbol verborgen. Die Waage möchte ausgleichen, strebt Harmonie und Gleichgewicht an. So schön dies klingt, so schwierig gestaltet es sich in der Praxis, wenn sie zu klaren Entscheidungen kommen muss. Dann ziert sie sich oft lange und zögert eine eindeutige Position heraus, würde dies doch bedeuten, das eine zu bevorzugen und das andere abzulehnen. Sich für etwas zu entscheiden, bedeutet automatisch, dann gegen das andere zu sein. Für das Harmoniestreben der Waage ist dies ein Graus. Lieber entscheidet sie sich überhaupt nicht.

Was sich aber als Irrtum herausstellt. Denn gerade eine nicht getroffene Entscheidung ist ebenfalls eine versteckte Entscheidung, dann eben weder für das eine noch für das andere. Die Waage hängt so unentschlossen irgendwo in der Weltgeschichte herum, ohne Fisch oder Fleisch zu sein. Dieses uneindeutige Sowohl-als-auch bei zu treffenden Entscheidungen wird vom Universum aber in der Summe wie ein Ist-mir-irgendwo-egal interpretiert und es weiß dann nicht, was die Waage wirklich möchte und was es liefern soll. Die Bestellungen kommen daher einfach nicht an, weil deren Inhalt von der Waage nicht deutlich genug festgelegt wird.

Dem Universum geht es dabei wie den besten Freunden einer Waage. Ständig fragen sie sich, was die Waage wirklich möchte, ohne Klarheit darüber zu erhalten. Im Lavieren und dem Versuch, niemandem auf die Füße zu treten, schadet die Waage am Ende sich selbst am meisten. Ihre Wünsche bleiben oft in dieser Unentschiedenheit hängen, wie auch ihre Freunde manchmal an der bei ihr fehlenden Klarheit verzweifeln.

Kann die Waage aber ihre Unentschlossenheit schließlich überwinden, nutzt sie ihre große Fähigkeit, auf Gruppen auszugleichend einzuwirken. Intuitiv vermag sie zu erspüren, was jedes Gruppenmitglied möchte und wie ein gemeinsamer Konsens unter allen Beteiligten möglich wird. Damit arbeitet sie sehr aktiv an der vielleicht größten Bestellung von uns allen: mehr Frieden und Verständnis unter uns Menschen.

Bestelltyp: Der Diplomat

Mein Tipp an dich: Lerne, dich öfter mal festzulegen und eindeutig zu entscheiden. Sieh es als ein Spiel, das keinem wehtut, denn du übst dich selbstverständlich zunächst in ganz kleinen Dingen, die am besten nur mit dir allein etwas zu tun haben und nur dich betreffen. Beginne am Morgen beim Kleiderschrank. Wenn du nicht weißt, ob du die rote oder die blaue Bluse anziehen sollst, denke einmal nicht so lange darüber nach. Beide sind schön und stehen dir gut. Wenn du beim Mittagessen nicht wählen kannst, ob du einen Salat oder einen Auflauf essen möchtest, trifft einfach eine Wahl aus dem Bauch heraus. Beide sind lecker und werden dir schmecken. Natürlich gibt es manche Entscheidungen, die andere mit betreffen und die du wohlüberlegt treffen solltest. Das tust du aber sowieso. Es gibt im Tagesablauf jedoch viele kleine Wahlmöglichkeiten, die nur eine geringe Tragweite haben und bei denen du beginnen könntest, rascher zu einer Entscheidung zu finden. Das macht dir dein Leben leichter und gibt dir Sicherheit, wenn es um die wesentlicheren Dinge deines Lebens geht. Wenn du im Kleinen lernst, schneller zu entscheiden, dann wirst du sicherer und es gelingt dir später auch bei den scheinbar großen Dingen.

Sternzeichen Skorpion

Auch dem Skorpion geht es vor allem um die anderen Menschen. Die Waage hatte den Fokus vor allem auf dem harmonischen Miteinander in einer Gemeinschaft und sorgte dafür, nun folgt mit dem Skorpion als nächste Stufe die Erprobung der ihm eigenen Fähigkeit, Einfluss auf diese Gemeinschaft zu nehmen und auf sie einzuwirken.

Der ausdrucksstarke Skorpion verfügt über eine grandiose Willensstärke. Die Möglichkeit, andere durch diese ihm eigene Kraft zu überzeugen, kann er je nach Ausprägung im Schatten als besitzergreifende Rücksichtslosigkeit oder im Licht als disziplinierte Entschlossenheit ausleben. Er ist immer in der Lage, seine Meinung gegen andere durchzusetzen und nutzt dazu sein ganzes Repertoire an subtilen Möglichkeiten der Beeinflussung.

Nur allzu leicht verfängt sich der Skorpion darum in der Annahme, selbst das Universum könne er seinem Willen unterwerfen. Wenn Bestellungen geliefert werden, dann müssten die hier enthaltenen Möglichkeiten doch eigentlich unbegrenzt sein, er muss es doch scheinbar nur genug wollen. Das Positive Denken ist jedoch nicht der Weisheit letzter Schluss, wenn es um das Bestellen geht. Erinnere dich, anfangs habe ich das Universum als besten Freund umschrieben. Wie würde dein bester Freund aber darauf reagieren, wenn du immer wieder mit demselben Wunsch an ihn herantrittst und ihn sogar noch mit Druck und willensstarker Überzeugungskraft bei ihm durchzusetzen versuchst? Die Freundschaft würde vermutlich früher oder später sehr darunter leiden, und es erscheint sehr fraglich, ob dein bester Freund dir überhaupt noch jemals zur Seite stehen wird, um dir eine Bitte zu erfüllen.

Es hilft an dieser Stelle sicherlich, auf die sehr enge Beziehung zwischen dem Bestellen und dem Beten hinzuweisen. Beide sind Herangehensweisen, mit dem Universum oder mit Gott in Verbindung zu treten. Das Bestellen hat dazu die Begrifflichkeit »Gott« aus dem Spiel gelassen, da viele ihn mit dem Thema Kirche und Religion in Zusammenhang bringen und darum gewisse Ressentiments gegen ihn hegen. Im Grunde sind aber Bestellungen und Gebete wie Bruder und Schwester und gerade das Sternzeichen Skorpion kann aus ihrer Ähnlichkeit einen großen Nutzen ziehen.

Denn es gilt hier, das Missverständnis aufzulösen, Bestellungen seien allein eine Sache des persönlichen Wollens. Man könnte dann denken, je fokussierter man wünscht, umso besser funktioniert die Lieferung. Man hat in dem Fall aber die Rechnung ohne den Wirt gemacht, denn das Universum hat hier schließlich alle Karten in der Hand und immer das berühmte letzte Wörtchen mitzureden. Es geht beim Wünschen nicht so sehr um den persönlichen Willen, sondern vielmehr um den göttlichen. Wenn ich meinem besten Freund nett und demütig mit meinem Wunsch gegenübertrete, dann ist die Wahrscheinlichkeit weit größer, dass er mir zur Seite steht. Hilfreich ist dabei immer, den Wunsch als Bitte zu umschreiben. So wie wir in einer Kirche voll Demut unser Gebet an den Himmel senden und als Dank eine Kerze entzünden, so sollten wir auch dem Universum gegenübertreten. In klarer Kenntnis der Rollenverteilung: hier der Mensch, der bittet, dort das Universum oder Gott, der diesen Wunsch erfüllt.

Der Skorpion sollte sich als Mittler zwischen Himmel und Erde verstehen, dessen Überzeugungskraft vor allem auf dieser Verbindung beruht. Seine Fähigkeit, andere Menschen zu führen und zu leiten, resultiert vor allem aus seiner sehr engen Beziehung zu einer höheren Macht, die durch ihn fließt und die durch ihn wirken möchte. Diese Gabe sollte er sehr demütig einsetzen und immer dankbar bleiben, dass sie ihm zuteilwurde. Dann wird er seine große Willenskraft nicht mehr nur zur Erfüllung seiner eigenen Wünsche und Bedürfnisse nutzen, sondern bald immer mehr zum Wohle aller.

Bestelltyp: Der Überzeugende

Mein Tipp an dich: Mutter Teresa hat gesagt, wer nach dem Sinn des Lebens sucht, der sollte es einmal mit dem Beten versuchen. Diese Sehnsucht nach dem Sinn ist sicherlich bei dir als Skorpion sehr ausgeprägt. Darum meine Einladung an dich, die Verbindung zu deinem Universum durch die Praxis des Gebetes zu verstärken. Beten möchte ich dabei als allgemeine Form ansehen, wie du ganz persönlich mit deinem Gott kommunizieren möchtest, es hat für mich nur wenig mit althergebrachten Formen des Betens zu tun, wie es in der Kirche geschieht. Wie ist deine Beziehung zu deinem Gott, in welcher Weise möchtest du mit ihm sprechen? Bestellen und Beten sind für mich so etwas wie Bruder und Schwester, beide sind Wege, in Verbindung mit der Schöpfung zu treten. Für dich als Skorpion könnte das Beten die beste Art sein, deine Wünsche mit ganz viel Demut an den Himmel abzugeben. Als Mutter Teresa gefragt wurde, wie sie ihr Lebenswerk schaffen konnte, antwortete sie: »Ich bin nur das Kabel, Gott ist der Strom.«

Sternzeichen Schütze

Nach Waage und Skorpion kommen wir nun mit dem Schützen zum dritten Zeichen, dass sich mit der menschlichen Gemeinschaft auseinandersetzt. Beim Schützen geht es um die Vermittlung seiner von Philosophie geprägten Weltanschauung, der es um das Wertvolle im Menschen geht. Sein vorrangigster Anspruch ist es, die Welt wirklich verstehen zu wollen und sich über einen tieferen Sinn in unserem Leben klar zu werden.

Schöngeistig wie er nun einmal ist, trägt er hohe geistige Ziele in sich, denen er sich verpflichtet fühlt und die er anderen vermitteln möchte. Er hat das Zeug, mit seiner Vielzahl an Ideen diese Welt wirklich zum Guten zu verbessern. Der große Schatten bei ihm besteht jedoch darin, zum weltfremden Gelehrten im sprichwörtlichen Elfenbeinturm zu werden. Und das betrifft sein ganzes Leben und selbstverständlich dann ebenso die Bestellungen beim Universum, die ein Teil davon sind.

Dieser weniger lichtvolle Anteil des Schützen schießt immer ein wenig über das Ziel hinaus. Sehr geistig geprägt, ist es dem Schützen wichtiger, an seinen immer neuen und interessanten Plänen und Zielen zu arbeiten, als sich mit den drängenden Themen und Problemen zu beschäftigen, die in seinem Alltagsleben anstehen und von ihm immer wieder auf die lange Bank geschoben werden. Er beschäftigt sich dann mehr mit den intellektuellen Problemen dieser Welt, als die eigenen persönlichen Probleme, die ihn selbst betreffen, auch nur anzuschauen.

Sein Reichtum an geistigen Überlegungen gaukelt ihm vor, schon am Ziel angekommen zu sein, und er verwechselt seine inneren Visionen mit der äußeren Wirklichkeit. Er lebt so in der Illusion und baut sich eine Scheinwelt in seinen Gedanken auf. Dann setzt er die Dinge, die er sich ausdenkt, gar nicht mehr um und bleibt in seiner Unmenge an Ideen und Möglichkeiten stecken.

Für die Bestellungen bedeutet dies, dass der Schütze auch in diesem Fall meinen könnte, allein der Gedanke zähle und sei allein schon ausreichend. Der Wunsch wird gar nicht mehr wirklich abgesendet, sondern wird ebenfalls nur eine reine Vorstellung bleiben. Dies ist dann schon eine treffende Formulierung für diesen Schütze-Schatten: die Vorstellung, die Vision ersetze die Realität. Typisch für diese Form des Schützen ist die Vorstellung: ›Ich könnte ja mal nach Ibiza in Urlaub fahren ...‹ Aber da er es in Gedanken ja bereits getan hat, setzt er es schon gar nicht mehr in die Tat um. Genauso denkt er dann: ›Ich könnte mir ja dieses und jenes bestellen ...‹ Aber er tut es dann nicht mehr wirklich, denn er hat es sich ja bereits vorgestellt.

Schützen haben eine Tendenz in sich, ihre geistigen Zielsetzungen schon für bare Münze zu nehmen. Sie neigen dazu, sich eine eigene, schönere innere Wirklichkeit zu erschaffen und in ihr zu versinken. Es würde ihnen sehr guttun, hin und wieder ihre Visionen einem Realitätscheck zu unterziehen, damit sie für andere nachvollziehbar sind und nicht nur eine unerreichbare Utopie bleiben.

Bestelltyp: Der Visionär

Mein Tipp an dich: Reden statt Handeln, Denken statt Handeln, dies sind die Schattenseiten, die du als Schütze möglicherweise schon gar zu gut an dir kennst. Darum könnte es eine nette Übung für dich sein, aus der geistigen Sphäre herauszufinden und etwas konkreter zu werden. Geh eine größere Verpflichtung dir selbst gegenüber ein und realisiere deine Visionen und Vorstellungen! Stell dich und deine Ziele eine Weile lang in den Mittelpunkt deiner geistigen Tätigkeit. Werde dir über deine Wünsche klar und lege dir ein Wunschtagebuch an. Dazu kannst du gern den altbekannten Wunschkalender verwenden. Schreibe dir deine Wünsche auf, werde praktisch und arbeite daran. Und frage dich außerdem, was du ganz konkret für die Erreichung deiner Wünsche und Ziele tun kannst: Was müsstest du am besten dafür tun, wen müsstest du anrufen, wohin müsstest du gehen, um deinem Traum ein Stück näher zu kommen? Deine Ziele können nur durch deine Handlungen auf diese Erde gebracht werden. Der Himmel hilft dir – wenn du die ersten Schritte in diese Richtung unternimmst!

Sternzeichen Steinbock

Beim Steinbock kommen wir nun zu dem Zeichen, das am besten mit den sogenannten »deutschen Tugenden« ausgestattet ist. Er will vor allem etwas leisten und auf die

189

Beine stellen, und dabei schreckt er vor keiner noch so großen Aufgabe zurück. Es erfüllt ihn mit großer Befriedigung, etwas Großes erreicht zu haben, und dafür wird er keine Mühe und Anstrengung scheuen.

Dem Steinbock geht es dabei vor allem darum, etwas Bleibendes zu hinterlassen. Er möchte, dass man sich später einmal an ihn erinnert, und wohl speziell aus diesem Grund sucht er sich immer neue Verantwortungen, die er mit großem Pflichtbewusstsein erfüllt. Dabei hat er die Tendenz, sich gern einmal zu übernehmen, er stellt die eigenen Bedürfnisse dann weit hinter seinen Anspruch, die Aufgabe gut und schnell zu erledigen.

Einen tieferen Beweggrund für seinen Arbeitseifer findet man, wenn der Steinbock mal nichts zu tun hat. Dann fühlt er sich nutzlos. Hinter seinem großen Antrieb, so besondere Leistungen zu erbringen, kann darum ein verstecktes Minderwertigkeitsgefühl gefunden werden, das unterstellt: Nur wenn ich etwas leiste, bin ich wirklich gut und liebenswert. Im Schatten gelebt, tut der Steinbock darum die großen Dinge, weil er meint, sie tun zu müssen.

Ein Problem, das damit in seinem Leben wie bei den Bestellungen auftritt, hat mit dem Mangel an Freude zu tun. Der Steinbock trägt so viel Verantwortung, es gelingt ihm aber oft noch nicht, Genugtuung und Erfüllung darin zu finden. Er tut so viel, weil er denkt, andere würden es nicht genauso gut oder gar nicht machen, also muss er es tun. Denkt er. Er überfordert sich aber dabei, tut mehr, als er schaffen kann, und schützt sich nicht ausreichend vor sich selbst. Auf das Bestellen bezogen lebt er darum meist in einem Gefühl, dass ihm alles zu viel wird, und er kann beim Wünschen nicht den richtigen Elan aufbringen. Solche Bestellungen haben nur eine geringe Wirkung, da sie aus einer Schwäche, einem Mangel heraus abgegeben werden.

Damit die Bestellungen besser geliefert werden können und damit auch das Leben des Steinbocks glücklicher wird, sollte er damit beginnen, sich manchmal eine Auszeit zu gönnen. Wer so viel arbeitet wie er, braucht früher oder später eine Pause, sonst ist er übermüdet, wird lustlos oder sogar krank. Bei all seinem Schaffen bekommt er so Gelegenheit, auf das Erreichte zurückzublicken und ein wenig Freude daran zu entwickeln. Was ihm wirklich fehlt, ist eine richtige Begeisterung für sein Tun. Wenn er aber beginnt, die Dinge mit Freude zu tun und nicht, weil er es muss, werden auch seine Wünsche enthusiastischer werden und von mehr Erfolg gekrönt sein.

Im Licht gelebt, findet der Steinbock dann einen ganz neuen Gefallen an seinen vielfältigen Aufgaben und tut sie schließlich tatsächlich gern. Die in ihm aufkeimende Freude gibt ihm immer mehr das Gefühl, liebenswert zu sein, selbst wenn er dafür keine Leistung erbringt. Das Universum möchte solch einen ehrgeizigen und fleißigen Arbeiter wirklich gern beschenken. Aber das gelingt ihm nur dann, wenn er sich auch manchmal eine Pause gönnt.

Bestelltyp: Der Herrscher, der König

Mein Tipp an dich: Als Steinbock warst du dein ganzes bisheriges Leben lang schon tüchtig und erfolgsorientiert. Auch schon als kleines Kind. Dieser »kleine Erwachsene« in dir, der bereits in jungen Jahren pflichtbewusst und strebsam war, möchte gar zu gern noch einmal ganz Kind sein dürfen. Erlaube dir darum, in deiner Freizeit Pausen von deinen ständigen Leistungen nehmen zu dürfen und noch einmal spielerisch und leicht wie ein kleines Kind zu sein. Was hat dir als Kind Freude gemacht? Sei dir gewiss, dein inneres Kind freut sich auch heute noch, wenn du ihm nochmals Gelegenheit gibst, wieder mehr zu spielen. Was ist deine größte Freude gewesen als Kind? Egal, ob es Basteln ist, Malen oder Musizieren, sicher bist du begeistert, wenn du den Impulsen deines inneren Kindes nachgibst. Vielleicht hast du eigene Kinder oder Patenkinder oder sogar schon Enkel, mit denen du auf den Spielplatz gehen kannst. Freue dich am kindlichen Spiel und erinnere dich, wie leicht und einfach das Leben manchmal sein darf. Hier sammelst du dann neue Kraft für neue große Taten!

Sternzeichen Wassermann

Dort, wo der Steinbock etwas aufbauen möchte und neue Strukturen schafft, kommt der Wassermann hinterher und reißt sie wieder ein. Jede Struktur von außen raubt ihm das Gefühl, unabhängig und frei zu sein, und so wehrt er sich gern gegen alle ihn einschränkenden Pflichten und Lasten.

Seine Kreativität und sein Einfallsreichtum sind herausragend, als betont geistiges Zeichen verfügt er über viel Phantasie und ein großes Wissen. Unter Wassermännern sind immer kluge Köpfe zu finden, und ein Wassermann kann überall mitreden und weiß so gut wie alles. Im Zweifel weiß er leider auch alles besser und hält damit leider nur selten hinter dem Berg. Er diskutiert gern alle möglichen

Themen und ist immer offen für neue Strömungen und Meinungen.

Denn für das Neue, was die Veränderung bringt, die er so liebt, schlägt das Herz des Wassermannes. Er definiert sich daher oft darüber, anders zu sein, will den Konventionen nicht genügen und sich von der Masse abheben. Das bringt im Schatten die Gefahr mit sich, im Geiste genauso abgehoben zu werden und die Verbindung zur Wirklichkeit zu verlieren.

Denn die geistige Welt seiner Ideen ist ihm weit näher als die eigentliche Realität. Er lebt voll und ganz für den geistigen Diskurs, die intellektuelle Auseinandersetzung – und nichts liebt er mehr als eine geschliffene Kontroverse voller Witz und Originalität. Seine Individualität zeigt sich hier ganz besonders.

Blicken wir auf die Bestellungen beim Universum, dann zeigt der Wassermann dabei manchmal den Schatten, in seinem Überfluss an Ideen schier stecken zu bleiben. Er hat so viele Einfälle, dass sie ihn wie ein Sturzbach überrollen und er den Wald vor lauter Bäumen nicht mehr sehen kann. Seine überbordende Phantasie wird ihm dann zum Selbstzweck und reißt ihn mit.

In diesem Strom von Ideen gelingt es ihm nicht mehr, ans rettende Ufer zu gelangen. Er wird kaum einmal einen Wunsch aufschreiben, von der Erstellung einer Bestellliste ganz zu schweigen. Überhaupt geht es bei ihm sehr darum, seine enormen geistigen Pferdestärken wirklich auf die Straße und den Boden bringen zu können. Dies würde aber bedeuten, sie ganz praktisch umzusetzen und zu handeln. Damit hat so manch ein Wassermann jedoch so seine Probleme. Denn dies würde bedeuten, seinen wunderbaren

Gedanken eine Weile Lebewohl sagen zu müssen, um sich die Ärmel hochzukrempeln und tatsächlich etwas von seinen Ideen umzusetzen, wirklich etwas zu tun. Der Wassermann ähnelt in seinem Schatten sehr dem ebenfalls geistig geprägten Schützen. Der Wassermann lebt vorwiegend in seinen Ideen, der Schütze in seinen Vorstellungen und Zielen. Beiden fällt es schwer, davon abzukommen und zu handeln.

Der Wassermann täte gut daran, seine geistige Universität manchmal zu verlassen und in die Welt hinauszugehen. Konkretes Handeln bringt ihn wieder in Kontakt zu Mutter Erde und zurück in die Realität. Und es wäre doch schade, wenn seine kreativen Lösungswege für so manches noch ungelöste Problem dieser Welt im stillen Kämmerlein seines Kopfes ungehört verstauben würden.

Bestelltyp: Der Rebell, der Reformer

Mein Tipp für dich: Für dich als Wassermann wäre es wunderbar, ein Hobby oder eine Freizeitaktivität zu finden, die dir eine gute Bodenhaftung beschert. Vielleicht hast du einen Garten, in dem du nach Herzenslust wühlen und die frische Erde riechen könntest. Ein Schrebergarten wäre ebenfalls ausgezeichnet geeignet für diesen Zweck. Du könntest auch stattdessen Töpfern und so die Verbindung zum Element Erde festigen. Alternativ wäre außerdem ein Kochkurs geeignet, der dir ebenso viel Kontakt zu Mutter Natur bescheren könnte. Ganz egal, welchen Weg du hier einschlagen möchtest, jede Form ist willkommen, um die Erde zu spüren, zu schnuppern, anzufassen und sie dir so näher zu bringen. Dein Element Luft ist besonders stark ausgeprägt und verlangt nach einem irdischen Ausgleich. Mach einen Segelschein, gehe öfter mal Wandern, fahre mit dem Fahrrad, alles, was dich in die Natur bringt, sollte dir eine willkommene Abwechslung sein. Übrigens: Auch die Bestellungen können nur hier auf der Erde ausgeliefert werden!

Sternzeichen Fische

Der Fisch ist das mit Abstand sensibelste und feinfühligste Zeichen im ganzen Tierkreis (auch wenn die Krebse da sicher anderer Meinung sein werden). Er verfügt über eine immense Intuition und ist in der Lage, Stimmungen zu spüren und wahrzunehmen. Dies macht ihn zwar offen für seine vielfältigen Eingebungen, auf der anderen Seite jedoch oft auch sehr verletzlich.

Ähnlich wie der Wassermann besteht darum beim Fisch die Gefahr, den Realitäten dieser Welt ausweichen zu wollen. Der Wassermann tut dies, weil ihm seine Ideen wichtiger sind, beim Fisch spielt eher ein gewisser Rückzug vor den vielen Ecken und Kanten seiner Umgebung eine Rolle, die ihn so oft leiden lassen. Daher rührt seine große Tendenz zur Träumerei, er begibt sich dabei in seine eigene Wirklichkeit und blendet alles andere aus.

Im Gegensatz zu verstandesorientierteren Zeichen wie Jungfrau oder Zwilling steht dem Fisch der Verstand beim Bestellen weniger bis gar nicht im Weg. Er hat Mittel und Wege gefunden, die leise Stimme seiner Intuition hören zu können, und vermag mit traumwandlerischer Sicherheit zu spüren, wie eine Lieferung zugestellt werden soll. Überhaupt löst der Fisch viele seiner Probleme in seinem Leben auf ungewöhnliche Weisen, an die er sich später meist selbst nicht mehr erinnern kann. Irgendwie ist der Fisch damit ein ganz besonderer Liebling der Götter und des Universums, da er eine besonders gute Verbindung zu ihnen hat. Die unsichtbare Welt, die nur zu erspüren ist und in der sich Feen und Elfen tummeln, ist voll und ganz sein Metier, da hat er sich wohl schon den einen oder anderen Freund gemacht.

Der Fisch kann darum zum Vorbild für so manchen Besteller werden, da er sich vom Himmel intuitiv führen und lenken lässt. Er findet so eher den zustellenden Lieferboten, spürt aber darüber hinaus auch, was das Universum von ihm möchte. Bei ihm ist es dann oftmals unklar: War es der Wunsch des Universums, den er in seinem Herzen spürte, oder doch der eigene? Der Fisch hat die große Begabung, im Sinne des Universums handeln zu können, da er sich ihm völlig zu verschreiben und mit ihm zu verschmelzen versteht.

Der Schatten beim Fisch liegt aber genauso in seiner Überempfindlichkeit, die ihn oft leiden lässt und ihm das Gefühl gibt, Opfer der Umstände zu sein. Das Gefühl ist aber entscheidend für den Erfolg einer Bestellung und eine Opferhaltung daher wenig förderlich. Die beste Empfehlung für den Fisch ist daher, sich seiner Erschaffenskraft immer mehr bewusst zu werden und sie immer weniger zu leugnen. Gerade der Fisch, der sich dem Leben gegenüber so oft ausgeliefert und schwach erlebt, hat im besonderen Maße die Gabe zu wünschen vom Himmel geschenkt bekommen.

Eine Möglichkeit für den Fisch könnte es darum sein, seine Intuition größeren Gruppen von Menschen zur Verfügung zu stellen, um zu spüren, was diese Menschen am meisten brauchen, und es dann für sie alle gemeinsam zu wünschen. Bestellungen für Freunde, Familien oder Gruppen haben viel mehr Kraft, da wir sie mit mehr Selbstlosigkeit absenden und wir selbst uns darum viel weniger im Weg stehen. In der neuen Zeit wird das Wünschen für andere immer wichtiger werden. Denn die Liebe, die wir anderen schenken, wird uns selbst zuteil.

Bestelltyp: Der Seher, der Hellsichtige

Mein Tipp an dich: Du bist als Fisch am innigsten mit der unsichtbaren Welt verbunden und hast wirklich einen Draht zu ihr. Warum also nutzt du diese Gabe nicht auch beim Bestellen? Vielleicht hat du einen Lieblingsengel, einen speziellen Heiligen, den du besonders magst, oder du liebst die Natur mit ihren Feen und Elfen? Versuche darum doch einfach, beim Wünschen zur Unterstützung diese Ebenen der himmlischen Helfer einzuladen. Ich selbst habe gute Erfahrungen damit gemacht, den heiligen Antonius um Hilfe zu bitten, wenn ich etwas verloren habe. Wen würdest du um Hilfe bitten? Lade zum Beispiel die Feen ein, sich um deinen Garten zu kümmern. Im Talmud steht schon geschrieben: »Jeder Grashalm hat einen Engel, der sich über ihn beugt und sagt: ›Wachse, wachse.‹« Und weite deine Bestellung dann gern auf andere Menschen oder die ganze Welt aus. Wünsche für andere gleich mit, dann ist die Freude bei erfolgter Lieferung bestimmt umso größer!

Hier zum Abschluss alle Bestelltypen der Sternzeichen mit ihren Themen und Lernaufgaben noch einmal in einer kleinen Übersicht:

Widder:
Das Leben besteht nicht nur aus Kampf und Wettstreit.
Lerne, dass du auch gewinnen kannst,
ohne andere besiegen zu müssen.
Bestelltyp: Der Krieger

Stier:
Wer will, das alles so bleibt, wie es ist,
will nicht, dass es bleibt.
Lerne die positive Seite an Veränderungen kennen.
Alles fließt!
Bestelltyp: Der Schützer und Bewahrer

Zwilling:
Es gibt viele Meinungen, wie ist deine eigene?
Lerne zu entdecken: Was willst du selbst?
Bestelltyp: Der Vermittler und Vernetzer

Krebs:
Gefühle sind dein Potenzial, mach sie dir nutzbar.
Lerne zu fühlen, ohne davon mitgerissen zu werden.
Bestelltyp: Der Fühlende

Löwe:
Wer selbstbewusst ist, kann auch
mit anderen teilen.

Lerne, deine Wunschkraft auch für andere
einzusetzen, nicht nur für dich allein.
Bestelltyp: Der Selbstbewusste

Jungfrau:
Wer alles richtig und genau machen will,
kommt manchmal nicht zum Ende.
Lerne, auch deine Fehler zu lieben,
sie machen dich aus.
Bestelltyp: Der Genaue, der Perfekte

Waage:
Wer keine Entscheidung treffen möchte,
für den entscheiden ständig andere.
Lerne, deine Unentschlossenheit zu überwinden,
sonst zahlst du selbst immer drauf.
Bestelltyp: Der Diplomat

Skorpion:
Wille und Glaube sind kraftvolle Eigenschaften.
Lerne, deine Kräfte mit Demut anzuwenden,
liefern tut letztlich allein das Universum.
Bestelltyp: Der Überzeugende

Schütze:
Ideen sind zuerst bloße Gedanken und
wollen auf die Erde gebracht werden.
Lerne, deine Visionen auch in die Tat umzusetzen.
Bestelltyp: Der Visionär

Steinbock:
Es ist wunderbar, große Leistungen zu vollbringen.
Lerne, deine Arbeit mit Freude zu füllen
und gern zu tun.
Bestelltyp: Der Herrscher, der König

Wassermann:
Damit sich etwas verändern kann,
muss ganz praktisch etwas getan werden.
Lerne, deine Kreativität für andere nutzbar und
anwendbar zu machen.
Bestelltyp: Der Rebell, der Reformer

Fische:
Durch Feingefühl ist es möglich,
deine innere Stimme zu hören.
Lerne, deine guten Verbindungen zum Universum
auch für andere zu nutzen.
Bestelltyp: Der Seher, der Hellsichtige

Kapitel 7

Die Verbindung zwischen deinen Zahlen und Sternen

Wir haben jetzt deinen Bestelltyp aus Sicht der Zahlen wie auch der Sterne beschrieben und du kennst nun hoffentlich deine Stärken und Schwächen. Wie aber wirken die Einflüsse der Astrologie und der Numerologie bei dir zusammen? Im Folgenden möchte ich dir noch etwas zu der Kombination der Zahlen und Sterne und ihren besonderen Licht- und Schattenaspekten sagen.

Wie schon erwähnt, beschreiben sowohl die Astrologie als auch die Numerologie die Charaktereigenschaften von uns Menschen. Die eine verwendet dazu die Sterne und die Sternzeichen, die andere unsere Lebenszahlen. Da beide jedoch auf dasselbe blicken, müssen sich die Sternzeichen und die Lebenszahlen irgendwo ähnlich sein. Und tatsächlich ... ein Widder beispielsweise verhält sich in vieler Hinsicht wie eine Lebenszahl 1, ein Skorpion hat viele Parallelen zur Lebenszahl 8. Je nachdem, wie die spezielle Kombination deiner Zahlen und Sterne aussieht, können sich ihre Wirkungskräfte darum gegenseitig verstärken oder abschwächen, was natürlich Auswirkungen auf deinen Bestelltyp hat.

Zum Einstieg möchte ich dir dazu zunächst noch einmal die Kombinationen der Zahlen und Sterne auflisten, die sich am meisten entsprechen:

Die **Lebenszahl 1** spiegelt die Eigenschaften der Sternzeichen Widder und Wassermann wider.

Die **Lebenszahl 2** ähnelt der venusischen Charakteristik von Stier und Waage.

Die **Lebenszahl 3** stellt eine Kombination von Zwilling und Krebs dar.

Die **Lebenszahl 4** ähnelt dem Steinbock-Prinzip.

Die **Lebenszahl 5** kommt der Kombination Löwe mit Zwilling recht nahe.

Die **Lebenszahl 6** entspricht sehr der Jungfrau.

Die **Lebenszahl 7** hat vieles von Waage und Fisch.

Die **Lebenszahl 8** findet sich in ihren Besonderheiten beim Skorpion.

Die **Lebenszahl 9** hat viele Entsprechungen im Sternzeichen Schütze.

Bei Menschen, die eine solche Paarung der sich entsprechenden Zahlen und Sterne aufweisen, bestätigen sich natürlich Lebenszahl und Sternzeichen und verstärken damit die beiden anzutreffenden Bestelltypen. Widder mit der Lebenszahl 1 werden demnach besonders viel Energie zur Verfügung haben, die sie dann zu noch mehr Kampf und Wettstreit herausfordern könnte. Man könnte sagen, die Möglichkeit, diese Kraft zum Guten einzusetzen, ist ebenso groß wie die Gefahr, es nicht zu tun. Wo viel Licht ist, muss dementsprechend genauso viel Schatten sein. Die Herausforderung bei Kombinationen von sich entsprechenden Zahlen und Sternen ist groß, solche Kombinationen tragen aber auch ein Potenzial in sich, in das man hineinwachsen kann.

Nun ist es statistisch gesehen eher die Ausnahme, wenn bei jemandem die Bedeutung der Zahlen und Sterne so genau übereinstimmt, meist kommen tatsächlich andere Kombinationen vor. Darum gebe ich dir hier eine Art Raster, das zeigen soll, wie sich die Paarungen von Lebenszahlen und Sternzeichen gegenseitig beeinflussen. Manche ziehen zwar, wie eben gesehen, am selben Strang, aber andere behindern sich auch. In meinem Buch »Deine Zahlen, deine Sterne – sich selbst erkennen, andere verstehen« habe ich eine noch detailliertere Auflistung aller 108 Kombinationsmöglichkeiten zwischen den neun Lebenszahlen und den 12 Sternzeichen aufgeführt. Bei der Betrachtung der 21 Bestelltypen ist eine solch genaue Betrachtung der Wechselwirkungen zwischen den Zahlen und Sternen jedoch eher hinderlich und geht am Ziel vorbei. Darum möchte ich dazu ein vereinfachtes Schema der gegenseitigen Wechselwirkung vorschlagen:

Die **Lebenszahl 1** gehört zu der Paarung Widder/Wassermann. Ihre Wirkung wird darum ganz besonders von diesen beiden Zeichen verstärkt. Unterstützend sind in abgeschwächter Form außerdem die Feuerzeichen Löwe und Schütze sowie die Luftzeichen Zwilling und Waage. Hinderlich auf den Einfluss der Zahl 1 wirken stattdessen die

Sternzeichen aus dem Element Wasser (Krebs, Skorpion und Fische) sowie Erde (Stier, Jungfrau und Steinbock).

Die **Lebenszahl 2** findet sich im zur Venus gehörigen Paar Stier/Waage. Beide verstärken darum die Eigenschaften der Lebenszahl 2. Förderlich sind außerdem in etwas geringerer Form die Erdzeichen Jungfrau und Steinbock sowie die Luftzeichen Zwilling und Wassermann. Schwächend wirken stattdessen die verbliebenen Wasserzeichen (Krebs, Skorpion und Fische) sowie alle Feuerzeichen (Widder, Löwe und Schütze).

Die **Lebenszahl 3** entspricht am ehesten der Kombination Zwilling/Krebs, die sie darum am besten unterstützen kann. In abgeschwächter Form gilt dies für die Luftzeichen Waage und Wassermann wie auch für die Wasserzeichen Skorpion und Fische. Eher abschwächend wirken stattdessen die Feuerzeichen (Widder, Löwe und Schütze) und die Erdzeichen (Stier, Jungfrau und Steinbock).

Die **Lebenszahl 4** ähnelt nur einem Zeichen besonders – und zwar dem Steinbock. In Kombination verstärken sich ihre Eigenschaften am meisten. In geringerer Form wirken ebenso die Erdzeichen Stier und Jungfrau förderlich für die Zahl 4. Neutral zu bewerten sind hier die Wasserzeichen (Krebs, Skorpion und Fische) sowie die Feuerzeichen (Widder, Löwe und Schütze). Abschwächend auf die Zahl 4 wirkt das Element Luft (Zwilling, Waage und Wassermann).

Die **Lebenszahl 5** findet sich in der Paarung Löwe/Zwilling wieder. Sie wird daher von allen Feuerzeichen (Widder und Schütze) und Luftzeichen (Waage und Wassermann) unterstützt, wenn auch in geringerer Weise. Schwächend auf die Zahl 5 wirken dagegen die restlichen Zeichen, sie gehören zum Element Wasser (Krebs, Skorpion und Fische) und Erde (Stier, Jungfrau und Steinbock).

Die **Lebenszahl 6** entspricht sehr der Jungfrau, sie unterstützen sich gegenseitig am meisten. Förderlich wirken außerdem die Erdzeichen Stier und Steinbock, neutral wirken die Elemente Feuer (Widder, Löwe und Schütze) wie auch Wasser (Krebs, Skorpion und Fische). Einen negativen Einfluss hat das Element Luft (Zwilling, Waage und Wassermann).

Die **Lebenszahl 7** hat vieles von der Paarung Waage/Fisch. Die Zahl 7 wird darum von diesen beiden besonders verstärkt, was in geringerer Weise für die restlichen Luftzeichen (Zwilling und Wassermann) ebenso gilt wie für die verbliebenen Wasserzeichen (Krebs und Skorpion). Eher schwächer wird der Einfluss der Zahl 7 durch die Erdzeichen (Stier, Jungfrau und Steinbock) und die Feuerzeichen (Widder, Löwe und Schütze).

Die **Lebenszahl 8** findet sich in ihren Besonderheiten beim Skorpion, diese Paarung wirkt am stärksten und fördert die Qualitäten von beiden. Neutral wirken die Elemente Erde (Stier, Jungfrau und Steinbock) und Luft (Zwilling, Waage und Wassermann). Einen schwächenden Einfluss auf die Zahl 8 besitzt schließlich das Element Feuer (Widder, Löwe und Schütze).

Die **Lebenszahl 9** hat viele Entsprechungen im Sternzeichen Schütze. Bei der Lebenszahl 9, gepaart mit dem Zeichen Schütze, verstärken sich die Eigenschaften. Verstärkend auf die Zahl 9 wirkt außerdem das Feuer (Widder und Löwe). Neutral in ihrer Wirkung verhalten sich schließlich die Erd- (Stier, Jungfrau und Steinbock) sowie die Luftzeichen (Zwilling, Waage und Wassermann).

Was für die beschriebenen Lebenszahlen und Sternzeichen im Allgemeinen gilt, stimmt natürlich ebenso für die aus ihnen resultierenden Bestelltypen. Eine Lebenszahl 4 mit Steinbock wird zum Beispiel von der Zahlenseite her noch mehr danach streben, erschaffend zu sein und sich nicht gern dabei helfen lassen. Genauso wird dieser Mensch von der Seite der Sterne her noch mehr dazu neigen, Verantwortungen anzusammeln, und wird noch mehr lernen müssen, dies mit immer mehr Freude zu tun. Diese Gesamttendenz wird von den restlichen Zeichen des Elementes Erde (Stier und Jungfrau) ebenfalls unterstützt, wenn auch in geringerer Ausprägung.

Beim Bestellen fließt die vorhandene Kraft, die einem Menschen zur Verfügung steht, bei der Lebenszahl 4 mit Steinbock in einen sehr ähnlichen Kanal. Der Bestelltyp der Zahl 4, der Erschaffer, ähnelt in seiner Ausprägung sehr dem des Steinbocks, dem Herrscher und König. Beide wollen etwas auf dieser Erde bewirken, sei es durch das eigene Erschaffen oder das Sammeln von Verantwortungen. Dies ändert sich natürlich, wenn die Paarung der Bestelltyps eine andere ist. Die Lebenszahl 4 in Kombination mit dem erdigen Stier oder mit der Jungfrau beispielsweise wird allerdings noch immer bewahren und genau und perfekt sein wollen, beide unterstützen den Bestelltyp des Erschaffers, wenn auch weniger als der Steinbock. Luftzeichen wie Zwilling, Waage oder Wassermann sind stattdessen weniger erdverbunden und beschäftigen sich so sehr mit ihren luftigen, verstandesorientierten Themen wie Vermitteln und Vernetzen (Zwilling), Diplomatie (Waage) und Reformation (Wassermann), dass für die Zahl 4, im Vergleich zu anderen Kombinationen, nur noch wenig Lebensenergie zur Verfügung steht. Hier sind darum zwei gänzlich verschiedene Bestelltypen anzutreffen, die beim Wünschen sozusagen recht eigene Wege gehen wollen.

Schau also bitte immer, wie sich die Paarung deiner Lebenszahl mit deinem Sternzeichen verträgt und wäge die beiden Einflüsse gegenseitig ab. Dazu kannst du dir die besonderen Lebensthemen dieser beiden ebenso anschauen wie die daraus resultierenden Bestelltypen – und deine eigenen Schlüsse daraus ziehen. Bei der Bewertung, wie stark ein bestimmter Wesenszug oder Bestelltyp bei einem betreffenden Sternzeichen oder einer Lebenszahl anzutreffen ist, muss man zudem noch einen Punkt beachten: Beide können in ihrer lichtvollen oder in ihrer eher schattenhaften Weise gelebt werden. Auch hier ist daher deine Selbsteinschätzung nötig, wo auf einer Skala von 0 bis 100 (zwischen Licht und Schatten) du dich selbst einordnen würdest. Wie lebst du deine Lebenszahl, wie interpretierst du dein Sternzeichen und auf welche besondere Weise lebst du es aus?

Zur Beantwortung dieser Frage möchte ich dir natürlich gern zur Seite stehen und habe dir darum hier nochmals eine etwas andere Zusammenstellung der wichtigsten Stärken und Schwächen der Sternzeichen und Lebenszahlen aufgelistet. Dabei habe ich zur Vereinfachung die jeweiligen Zahlen und Sternzeichen gemeinsam aufgeführt, die sich in ihren Eigenschaften am meisten entsprechen und fördern. So kannst du nochmals sehen, welches Sternzeichen zu welcher Lebenszahl gehört; zur Vereinfachung müssen nur noch die 12 wesentlichsten statt der insgesamt 21 Charaktertypen betrachtet werden.

Der Widder und die Zahl 1 sind sehr energisch. Je nachdem, wie dosiert der Widder diese Energie einsetzt, wirkt er auf andere entweder aggressiv oder einfach nur durchsetzungsfähig. Widder hat viel von einem sehr kraftvollen kleinen Kind, das sich in allem zunächst einmal ausprobieren muss, um sich über sein übergroßes Füllhorn an Energie wirklich voll und ganz bewusst zu werden. Es nützt darum nichts, mit einem Widder kämpfen zu wollen, denn im Zweifel sind seine Batterien auf lange Sicht stärker. Gelingt es aber, einen Widder von einer Sache zu überzeugen, dann ist man froh, ihn an seiner Seite zu wissen.

Der Stier und die Zahl 2 sind bewahrend und schützend. Dies kann in seinem Umfeld je nach gelebter Ausprägung als zu bequem und phlegmatisch angesehen werden oder als geduldig und zuverlässig. Kaum ein anderes Zeichen wird sich so sehr für seine Gruppe einsetzen wie er, sei es für seine Familie, Firma oder Hausgemeinschaft. Immer fühlt er sich denen verpflichtet, von denen er meint, ihnen treu sein zu müssen.

Der Zwilling und die Zahl 3 sind sehr kommunikativ. Diese Eigenschaft kann im Übermaß als tratschend und ruhelos, dosiert gelebt jedoch als neugierig und offen interpretiert werden. Den Zwilling sollte man ausschicken, um neue Kontakte zu knüpfen, Werbung zu machen oder einfach nur, um das Eis zu brechen, wenn die Fronten einmal verhärtet sein sollten. Mit seiner fröhlichen und umgänglichen Art gewinnt er die Herzen seiner Zuhörer im Nu.

Der Krebs und die Zahl 3 sind vor allem fühlend. Dies kann von Überempfindlichkeit bis Feinfühligkeit reichen, je nach Lebensart. Hat ein Krebs eine Sache entdeckt, die ihm wichtig ist und die er zu seiner Herzensangelegenheit macht, dann darf man gewiss sein, er wird sich ihrer annehmen und sie mit allem versorgen, was nötig ist. Nicht von ungefähr findet man unter diesen Zeichen die besten Mütter (und Väter).

Der Löwe und die Zahl 5 finden sich einfach toll. Der Löwe kann dies als Unart leben, immer im Mittelpunkt stehen zu müssen, oder einfach als gesundes Selbstbewusstsein, das er zur Schau stellt. Vor allem aber ist er der geborene Chef, der über die natürliche Gabe verfügt, Menschen führen und begeistern zu können. Immer wird er seine Gefolgschaft, als würdiger König, reich belohnen.

Die Jungfrau und die Zahl 6 mögen es ordentlich. Darum ist hier die überpenible Perfektionistin genauso zu finden wie die exakte Korrekturleserin, vielleicht sogar in derselben Person. Jungfrauen sollte man Aufgaben geben, die Detailtreue und Genauigkeit verlangen, zu der andere Zeichen meist nicht in der Lage sind. Sie liebt es, Dinge immer besser und besser zu machen, und scheut für diesen für sie heiligen Zweck kaum eine Mühe.

Die Waage und die Zahl 7 harmonisieren. Diese Fähigkeit kann zum einen bedeuten, immer nur nett zu allen sein zu wollen, im anderen Fall versteckt sich hier jedoch auch ein grandioses Talent zur Diplomatie. Waagen sind Gold wert für jede Gruppe, denn intuitiv vermögen sie zu erspüren, was jedes Gruppenmitglied möchte und wie ein gemeinsamer Konsens unter allen Beteiligten möglich wird.

Der Skorpion und die Zahl 8 sind willensstark. Das Spektrum des Skorpions kann damit von besitzergreifender Rücksichtslosigkeit bis hin zu disziplinierter Entschlossenheit reichen, je nach Bewusstheit des Menschen. Wer andere von seinem Produkt oder seiner Meinung überzeugen möchte, tut gut daran, diesen charismatischen Menschenfänger für seine Zwecke einzusetzen.

Der Schütze und die Zahl 9 sammeln Wissen. Hier ist der weltfremde Gelehrte im Elfenbeinturm ebenso zu finden wie der Visionär, dessen Ideen die Welt zum Guten verändern, je nachdem. Der Schütze fühlt sich am wohlsten in Tätigkeitsfeldern, die sich Ethik und Moral auf die Fahne geschrieben haben, glaubt er doch unerschütterlich an das Gute im Menschen.

Der Steinbock und die Zahl 4 dienen ihrem Werk. Der Steinbock kann darauf beharren, alles nur alleine machen zu müssen, oder ein Vorbild für Ehrgeiz und Fleiß werden, abhängig davon, wie reif er seine Begabung nutzt.

Wer eine Arbeit gut und schnell erledigt haben möchte, der tut gut daran, sie einem Steinbock anzuvertrauen.

Der Wassermann und die Zahl 1 erneuern und verändern. Dies tut der Wassermann in Form des eigenwilligen Rebellen oder als toleranter Reformator, wie auch immer seine Interpretation dieses Zeichen sein mag. Neue Ideen und noch unbekannte Lösungswege sind sein Steckenpferd, so dass er in jeder Kreativabteilung gern gesehen ist.

Der Fisch und die Zahl 7 sind intuitiv. Dies kann der Fisch als übersensibler Tagträumer ebenso ausleben wie als phantasievoller Künstler, es bleibt seine Wahl. Sein Feingefühl ist dabei sein größter Schatz, spürt und fühlt er doch andere Menschen wie ein offenes Buch und vermag darum ganz besonders, Coach oder Lebensberater zu sein und mit dieser besonderen Gabe anderen Menschen zu helfen.

Die speziellen Eigenschaften der jeweiligen Sternzeichen und Lebenszahlen wollen ausgewogen gelebt und in die Mitte gebracht werden. Es geht darum, dir die bestimmte Fähigkeit eines Zeichens oder einer Zahl bewusst zu machen und sie so mit Licht zu erfüllen, damit ihr Potenzial nutzbringend von dir und für dich gelebt werden kann. Gelingt es einem Menschen, sein Sternzeichen und seine Lebenszahl ausgewogen zu leben, so erfüllt er damit eine der Grundvoraussetzungen für ein erfülltes und glückliches Leben. Ein lohnenswertes Ziel, findest du nicht?

Anstatt auf unseren Fehlern und Schattenseiten herumzuhacken, sollten wir lernen, unsere Schwächen immer mehr ins Herz zu nehmen. (Das gilt natürlich ganz besonders für Jungfrauen und die Lebenszahl 6.) Wenn es uns gelingt, mit unseren Schatten und unseren eher schwierigen Charaktereigenschaften liebevoller umzugehen, dann küssen wir den bisher ungeliebten inneren Frosch in uns und verwandeln uns so selbst nach und nach zum Prinzen. Ich meine, so etwas wie einen Schatten gibt es im Grunde gar nicht, viel eher handelt es sich hier um eine Seite an uns, mit der wir noch nicht gelernt haben, angemessen umzugehen.

Je mehr wir es schaffen, unsere Schattenseiten ins Herz zu nehmen und zu lieben, umso mehr verwandeln wir unsere scheinbaren Schwächen in neu entdeckte Stärken. Mir kommt dabei der in der Medizin verwendete Ausspruch von Paracelsus in den Sinn: »Die Dosis macht das Gift.« Jedes Sternzeichen und jede Lebenszahl können ihre besondere Veranlagung in einem breiten Spektrum mit Leben erfüllen, wie eben erwähnt sozusagen auf einer Skala von 0 bis 100. In diesem Sinne möchte jede dieser Charaktereigenschaft gesehen werden als »Dosis« dieser bestimmten Eigenheit, die untrennbar zu diesem Menschen gehört. Im Schatten gelebt, gelingt es einer Persönlichkeit noch nicht hinreichend, diesen Charakterzug ausgewogen zu dosieren, und von außen erscheint uns diese Eigenart darum als Schattenseite oder Unart. So wie Buddha seinen »mittleren Weg« predigte, geht es auch bei allen Facetten unserer Persönlichkeit darum, sie moderat zu leben – und dies gelingt uns am besten, wenn wir ganz bei uns, sozusagen in unserer eigenen Mitte, angekommen sind.

Der persische Dichter Rumi hat einmal gesagt: »Hinter der Bewertung in falsch und richtig liegt ein Garten. Dort werden wir uns treffen.« Dieser Garten liegt in jedem von uns, wenn wir unsere Tendenz erkennen und es aufgeben, alles bewerten zu wollen und in Schubladen zu packen. Diese eigene Mitte liegt in uns und öffnet sich erst, wenn wir lernen, uns selbst ins eigene Herz zu nehmen. Niemand von uns ist grundsätzlich schlecht oder falsch, immer ist dieser Schatten, den wir sehen, untrennbar verbunden mit dem Licht, das ihn erzeugt. Ich möchte sogar sagen, beide bedingen einander. Viel Licht erzeugt viel Schatten, und eine scheinbare Schwäche ist oft mit unserem größten Potenzial verbunden.

Rilke sagte dies in seinen Worten: »Unsere größten Ängste sind Drachen vergleichbar, die unsere wertvollsten Schätze bewachen.« Der, der den Drachen seiner Angst, seines Schattens oder seines Fehlers besiegt, erringt damit Zugang zu seiner Gabe, seiner Berufung und seinem Potenzial. Diesen inneren Kampf kann jeder von uns gewinnen. Statt den Drachen zu töten, nehmen wir ihn jedoch lieber in unser Herz. Denn dieser Drache, unser Schatten, sind wir schließlich selbst.

Kapitel 8

Typische Fragen und Antworten zu den Bestellungen

Natürlich gibt es zu den Bestellungen beim Universum immer wieder eine ganze Reihe von Fragen, ganz egal, ob du schon viel Erfahrung damit gesammelt hast oder auch nicht. Darum habe ich dir hier einmal eine bunte Palette der wichtigsten Fragen zusammengestellt, die mich in den letzten Jahren erreicht haben. In meinen Seminaren habe ich bemerkt, dass sich kaum jemand traut, von sich selbst zu sagen, ein »Profibesteller beim Universum« zu sein. Bärbel hat sich ebenso selbst immer nur als eine »durchschnittlich Verrückte« geoutet, der das Bestellen vom Himmel in den Schoß gelegt wurde und die darum sozusagen als »kosmische Beauftrage« den Job angenommen hat, das Bestellen zu verbreiten. Sie betonte immer wieder, dass ihrer Erfahrung nach viele Leser weitaus größere Erfolge beim Bestellen hätten als sie selbst. Sie staunte selbst immer am meisten, wenn ihr die aberwitzigsten Bestellerfolge zugetragen wurden. Die erste häufige Frage, die damit in Zusammenhang steht, lautet:

Frage 1:

Hat Bärbel sich den Erfolg der Bestellungen beim Universum bestellt?

Das ist die wohl am meisten genannte Frage überhaupt. Bärbel sagte dazu immer, sie habe sich stattdessen gewünscht, ihre Bücher sollten eine positive und liebevolle Energie beim Leser auslösen und sowieso nur solche Leser erreichen, denen ihre Bücher helfen würden. Sie war davon überzeugt, dass Erfolg nur dann glücklich macht, wenn alle daran Beteiligten ebenfalls glücklich sind.

Darüber hinaus kam der Erfolg ihrer Bücher nicht über Nacht. Sie gab jahrelang allein aus der Freude und Begeisterung heraus, Wissen und Neuigkeiten weiterzugeben, eine eigene kleine Zeitschrift heraus, den »Sonnenwind«. Dieses Heft hatte auf seinem Höhepunkt 64 Seiten und wurde an einige tausend Interessierte zum Selbstkostenpreis herausgegeben. Bärbel verdiente daran so gut wie nichts. In einem dieser Hefte berichtete sie ganz kurz vom »kosmischen Bestellservice«, was eine Welle an Neugierigen nach sich zog. Daraufhin schrieb sie das Manuskript zu »Bestellungen beim Universum«, was zunächst nur in einigen Buchläden als kopierte Fassung verkauft wurde. Es dauerte eine Weile, bis sich dafür dann ein Verlag fand.

In der ersten Fassung dieses Buches steht ein Vorwort, das Bärbels Selbstverständnis sehr gut beleuchtet. Sie schrieb hier: »Das, was man kann, das tut man. Und das, was man nicht kann, das lehrt man.« Sie bezog diesen Satz auf sich und beschreibt sich damit als ständig Lernende, die das Bestellen so wie alle anderen immer aufs Neue selbst lernen müsse, eben indem sie es immer wieder lehrte und darüber redete. Sie hörte sich selbst immer zu, wenn sie über ihre

Bücher referierte, und allein darum brauchte sie diesen Input, als ewige Zweiflerin, irgendwo auch am meisten. (Wie ich gerade sehe, hat sich in den neueren Auflagen dieses Buches leider eine geänderte Version eingeschlichen: »... und was man nicht kann, das lernt man.« In Zukunft wird wieder die erste Fassung verwendet werden.)

Frage 2:

Ich habe mir bestellt, ein bestimmter Kunde soll heute bei mir anrufen. Leider hat er das nicht getan, warum nicht?

Diese Frage gibt es in verschiedenen Variationen, es kann hier wahlweise stattdessen um den Anruf der besten Freundin oder um den eines potenziellen Liebespartners gehen. Allen gemeinsam ist die innere Haltung, der andere Mensch solle sich bitteschön gefälligst so verhalten, wie man das gerne möchte. Das Ganze bekommt dann schnell den Touch von Manipulation und Zwangsbeglückung.

Mir fällt dazu ein Ausspruch ein, der dem Propheten Mohammed zugeschrieben wird: »Vertraue auf Gott und binde dein Kamel an.« In ähnlicher Weise könnte ich mir nämlich genauso wünschen, mein Kamel solle an der Stelle stehen bleiben – und binde es darum nicht fest. Wenn das Kamel dann nachher weggelaufen ist, schimpfe ich auf den Kosmos, es habe mir meinen Wunsch nicht erfüllt.

»Hilf dir selbst, dann hilft dir Gott.« Diesen Ausspruch kennen wir aus der Bibel und er beschreibt, um welches Thema es hier geht. Damit das Universum mir helfen kann, muss ich selbst aktiv werden und eine Art »Aktivierungsenergie« aufbringen. Dabei schubse ich das Universum sozusagen an, und das kosmische Rad kann damit beginnt, sich zu drehen. Ganz ähnlich könnte ich mich auf mein Sofa setzen und mir wünschen, mir sollen die gebratenen Tauben in den Mund fliegen. Auch das gestaltet sich mitunter recht schwierig, es sei denn, ich rufe den Pizzadienst selbst an. Wenn ich diese Energie aufbringe, dann kann mir das Universum liefern. Und diese Erfahrung haben wir bestimmt alle schon einmal gemacht.

Eine Frau fragte mich kürzlich in ähnlicher Weise, warum sie ihren Traumpartner noch nicht geliefert bekommen habe. Ihre Traumwohnung habe sie doch auch bestellt und erhalten. Ich fragte dann genauer nach und es zeigte sich, für diese Wohnung war sie bei vier verschiedenen Banken vorstellig geworden, um einen Kredit zu bekommen. Drei davon wiesen sie zunächst ab, erst bei der vierten war sie schließlich erfolgreich. Was hatte sie also getan? Sie wurde aktiv. Sie bestellte sich die Wohnung, tat das Notwendige und blieb selbst auch dann zuversichtlich, als sie dreimal abgewiesen wurde. Und das Universum belohnte ihre Tatkraft und ihre Hartnäckigkeit. Bei ihrem Traumpartner hatte sie stattdessen wirklich nur auf dem Sofa gesessen und nichts weiter getan. Was also hätte sie tun können, um selbst aktiv zu werden? Vielleicht hätte sie die eine oder andere Einladung zu einer Party annehmen oder mit dem neuen Kollegen einen Kaffee trinken können? Es gab viele Gelegenheiten, die der kosmische Lieferbote ihr offeriert hatte, aber sie hörte wohl nicht ausreichend auf die Stimme ihrer Intuition.

Um auf die Eingangsfrage zurückzukommen: Statt auf einen Anruf von wem auch immer zu warten, werde doch selbst aktiv! Ruf selbst beim Kunden an, ob er dein Angebot erhalten hat und wie es damit steht. Sei tatkräftig, sei hartnäckig und frage nach. Wenn es dir Freude macht, deine beste Freundin zu sehen oder zu hören, dann rufe sie doch selbst an. Wahrscheinlich sagt sie dir dann: »Oh wie nett, gerade habe ich an dich gedacht!« Und wenn du einen Menschen interessant findest, geh doch auch hier selbst auf ihn zu und schau, was passiert. Hilf dir selbst, dann hilft dir Gott. Ein klein wenig dürfen wir schon selbst zu unserem Glück beisteuern.

Frage 3:

Bisher sind alle meine Bestellungen geliefert worden, die ich mir gewünscht habe, nur die eine ganz bestimmte immer noch nicht. Das kann doch nicht sein. Ich mache alles genauso wie immer beim Wünschen, dann muss es doch klappen. Das verstehe ich einfach nicht.

Zunächst einmal, ganz grundsätzlich hält das Universum wohl nur recht wenig vom Prinzip der Logik. Die wissenschaftliche Herangehensweise nach dem Motto »Wenn es doch immer so funktioniert hat, muss es jedes Mal genauso klappen« hat beim Universum wenig Sinn. Bestellungen sind per definitionem für unseren Verstand ein Wunder, und Wunder widersprechen nun einmal den Naturgesetzen. Solche logischen Denkgebäude wollen verstehen, was leider nicht verstehbar ist.

In einem früheren Buch, »Fühle mit dem Herzen«, haben Bärbel und ich das Bestellen mit dem Autofahren verglichen. Um dabei Erfolg zu haben, braucht es ein klares Ziel, das wir mit dem Lenkrad (unserem Verstand) ansteuern können. Um dann aber schließlich am Ziel ankommen zu können, braucht es Kraft und Energie, einen Motor, der uns an dieses Ziel bringt. Das ist unser Gefühl, das am Bestellen genauso beteiligt ist.

Ein wenig kommt es mir bei dieser Fragestellung so vor, als wäre hier ein Forscherteam beauftragt worden, das Bestellen eingehend wissenschaftlich zu untersuchen. Es wurden zahlreiche Versuchsreihen gestartet und intellektuell ausgewertet. Was dabei aber fehlte, war die Begeisterung, der Esprit, die Freude an der Sache. Statt noch intensiver am Lenkrad zu sitzen und noch genauer die Navigation auf das Ziel einzustellen, wäre es ratsam, den Motor der Gefühle endlich einmal zu starten. Ich fände es passender, das Labor mit einem Sandkasten zu vertauschen und neugierig und interessiert wie ein Kind, einfach voller Spaß an die Sache heranzugehen. »Guck mal, wie toll meine Sandburg ist!« Für ein Kind ist alles noch ein Wunder und es kommt aus dem Staunen und Bewundern gar nicht mehr heraus.

In unserer neuen Zeit wird das Fühlen immer wichtiger, und darum wird es für uns notwendig, in eine Tätigkeit hineinzufühlen: »Wie fühlt es sich richtig an? Wie mache ich es heute?« Es ist mehr die weibliche, intuitive Herangehensweise gefragt. Im alten Jahrtausend gab es noch Checklisten und Pläne, die man befolgen konnte, was mehr dem männlichen, verstehenden Prinzip zugehörig war. Es geht nun immer mehr darum, es heute so und morgen anders zu machen, und auch deshalb ist die Logik in der oben genannten Fragestellung nicht mehr zeitgemäß. »Aber so war es doch immer richtig und genau so hat es jedes Mal funktioniert ...« – Nicht nur beim Bestellen werden wir in der neuen Zeit gefordert sein, alte Denkweisen zu ändern und neue Wege einzuschlagen. Es geht immer mehr darum, unserem Gefühl zu folgen und mit Gefühl bei der Sache zu sein. Früher stand das Lenkrad im Mittelpunkt, heute geht es vielmehr darum, unseren Motor zu starten und ihn mit mehr Pferdestärken zu versehen.

Frage 4:

Könntest du mir bitte noch einmal erklären, wie das Bestellen ganz genau geht? Ich habe zwar alle Bücher darüber gelesen, habe dabei aber irgendwie immer das unbestimmte Gefühl, ich würde etwas falsch machen. Kannst du mir da helfen?

Es ist unser Glaube, der Berge versetzen kann. Und um wirklich an etwas glauben zu können, braucht es die eigene Erfahrung. Diese Frage ist tatsächliche diejenige, die mit am häufigsten an mich gestellt wird. Leider, muss ich sagen. Denn in der Frage schwingt eine Grundstimmung mit, die in etwa lautet: »Ich kann das nicht, ich hab so etwas noch nie gemacht. Bestimmt mache ich es falsch. Immer mache ich alles falsch. Ich brauche darum jemanden, der mir sagt, wie es richtig gemacht wird. Am allerbesten wäre, jemand anders bestellt für mich, damit es funktioniert. Ich habe einfach kein Vertrauen zu mir.«

Hm. Bitte spür da mal selbst hinein. Wenn du das Universum wärst, was würdest du da machen? Würdest du nicht ebenfalls denken, da ist ein Universumsbesteller, der möchte zwar gern, aber traut sich nicht so wirklich? Karl Valentin hat dazu den Spruch geprägt: »Mögen hätt' ich schon wollen, aber dürfen hab ich mich nicht getraut.« Wer denkt, erst um Erlaubnis fragen zu müssen, der zweifelt ganz grundsätzlich, und zwar nicht allein am Universum, sondern vor allem an sich und seinen Fähigkeiten. Mal ganz schlicht gefragt: Wenn du nicht an dich glaubst, wer soll es dann bitteschön tun? Und, noch wichtiger: Wenn du nicht an dich glaubst, wie kannst du dann an die Wunscherfüllung durch das Universum glauben? Beides geht Hand in Hand und ist nicht zu trennen.

Meine Antwort bei Fragen dieser Art orientiert sich an der Philosophie der Montessori-Schule, auf die meine Kinder gehen. Dort lautet der Wahlspruch: »Hilf mir, es selbst zu tun!« Denn es bringt aller Erfahrung nach wenig, immer nur zu zeigen, wie es geht. Das Kind gewöhnt sich dann daran, etwas hilflos zu bleiben und immer bei anderen um Rat und Hilfe zu fragen. »Hilf mir, es allein zu tun« bedeutet, dem Kind immer wieder zu zeigen, wie es diese Aufgabe auch allein bewältigen kann. Ursprung dieser Methode ist die Gewissheit, dass jeder lernen kann, seine eigenen Fähigkeiten zu entdecken und dabei in sein eigenes Potenzial zu finden.

Also, probiere das Bestellen doch einfach mal aus. Mach es auf deine Weise, beginn bei kleinen Wünschen und freu dich wie ein Schneekönig, wenn die ersten Lieferungen eintrudeln. Bestellen ist eine Gabe, ja, sie ist eine Art Grundrecht, das dir bei deiner Geburt geschenkt worden ist. Es hilft dir sicher, noch einmal an deine Kindheit zurückzudenken und dir bewusst zu machen, was du dir damals alles gewünscht hast. Damals hast du dich an älteren Kindern orientiert, vielleicht an deinen Geschwistern oder Nachbarskindern. Alles, was sie bereits konnten, das wolltest du auch können: laufen, schwimmen, Rad fahren, deine Schuhe alleine binden. All das kannst du heute und hast es ganz spielerisch gelernt. Vielleicht hast du es damals nicht »Bestellung« genannt, sicher nicht, aber es ist doch ganz klar: Tief in deinem Herzen hattest du den großen Wunsch, zu wachsen und all die Fähigkeiten zu entwickeln, die du heute zur Verfügung hast. Der Glaube versetzt Berge – bitte glaube darum an dich.

Frage 5:

Was ist eigentlich der genaue Unterschied zwischen dem Bestellen und dem Beten?

Im Grunde genommen gibt es da keinen Unterschied. Beide, das Bestellen wie das Beten, sind Hinwendungen an die Schöpfung als solche. In Zeiten, in denen die Menschen mit der Kirche und ihren Lehren immer weniger anfangen können, erscheint das Bestellen irgendwie moderner, einfach weil es noch nicht so lange existiert. Ich finde jedoch, beide können voneinander sehr viel lernen. Ja, sie sollten es sogar.

Bei aller Lockerheit, die dem Bestellen innewohnt, sollten wir nicht vergessen, was ein Wunsch in seinem Kern ist: eine Bitte an die Schöpfung. Egal, ob uns nun die Titulierung Universum oder Gott besser gefällt, wir wenden uns beim Gebet an eine höhere Instanz, die unsere Bitte erfüllen soll. Beim Gebet ist dabei selbstverständlich, was einer Bestellung leider oftmals fehlt: Demut. Ein Gebet in der Art von Frage 3 (»Alle Bestellungen sind bisher eingetroffen, nur die eine noch nicht, jetzt aber mal schnell!«) wäre in sich eher unwahrscheinlich, da es eine Forderung enthält, die Gott gegenüber den meisten unangemessen erscheinen würde. Ganz im Gegenteil, oft wird ein Gebet ja sogar mit einer Gegengabe verbunden, die der Bittende bei der Erfüllung als Dankesgabe anbietet, etwa nach Lourdes zu pilgern oder über einen Zeitraum hinweg bestimmte Gebete zu sprechen. Dankbarkeit und Demut sind es vor allem, die das Bestellen sich beim Beten abgucken könnte.

Was kann sich das Beten beim Bestellen abschauen? Es darf auch leicht gehen. Meine Tochter erzählte mir vor ein paar Jahren, die Orgel in der Kirche angeschaut zu haben, die ihrer Schule gegenüberliegt. Weil es den Kindern zu lange dauerte und langweilig wurde, machten sie Späße und lachten. Die Lehrerin ermahnte daraufhin alle und sie mussten zur Strafe Regeln aufschreiben, die in der Kirche gelten. Lachen stand offenbar nicht auf der Liste. Meine Tochter berichtete mir ehrlich aufgewühlt davon. Was sollte Gott dagegen haben, wenn wir in seinem Haus Freude haben und lachen? Warum dieser riesengroße Ernst? Irgendwo scheint der Zorn Gottes immer noch in jeder Ecke einer Kirche zu lauern, um uns für unsere Missetaten zu strafen. So wie ich als leiblicher Vater für meine Kinder nur das Beste möchte, so will es doch bestimmt auch Gottvater im Himmel für uns als seine Kinder.

Der Begriff »Gott« bedeutet seinem Wortstamm nach ursprünglich »gut«, im Englischen noch besser ersichtlich durch die Ähnlichkeit der Wörter »god« und »good«. Wenn ich zu Gott bete, dann lade ich damit das Gute in mein Leben ein, damit es helfend und verbessernd in meinem Leben wirksam werden kann. Ich lade Gott ein als einen himmlischen Helfer. Und, wie wir vom Bestellen wissen, besucht er uns gerne, wenn wir diese Einladung in Liebe, Freude und Dankbarkeit absenden.

Frage 6:

Gibt es eine Möglichkeit, an die inneren Muster und Glaubenssätze heranzukommen, die mich bei der Erfüllung meiner Wünsche torpedieren?
Wie kann ich sie erkennen und, besser noch, ganz auflösen?

Wir alle kennen die Momente in unserem Leben, in denen wir uns selbst behindern und uns im Weg stehen. Dann sagen wir ein falsches Wort, das uns später leidtut, treffen eine falsche Entscheidung oder laufen vor einer Verantwortung davon. Im Nachhinein wundern wir uns über uns selbst und begreifen nicht, was da genau geschehen ist. Manchmal kann dies dazu führen, Bestellungen nicht annehmen zu können, die bereitstanden, für uns geliefert zu werden.

Die Zauberformel dazu haben wir aus dem hawaiianischen Vergebungsritual Ho'oponopono abgeleitet, sie lautet: »Ich liebe den Teil in mir, der mit der noch ausstehenden Wunscherfüllung zusammenhängt. Ich liebe den Teil in mir, der möglicherweise verhindert, dass ich diese Bestellung wirklich annehmen kann. Ich liebe den Teil in mir, der an der Lieferung zweifelt.«

Der Ansatz des mittlerweile recht verbreiteten Ho'oponopono lautet nämlich: Alles, was in meinem äußeren Leben passiert, hat auf eine versteckte und irgendwie magische Weise mit mir selbst zu tun. So wie die Mystiker um

Meister Eckhart sagten: wie innen, so außen. Und wie außen, so auch in unserem Inneren. Als Konsequenz übernehme ich mit Hilfe der Sichtweise der Hawaiianer die Verantwortung dafür, wenn eine Bestellung nicht funktioniert, und heile den Teil in mir, der damit zusammenhängt, im Herzen, mit meiner Liebe. Bärbel und ich haben sogar eine abgewandelte Form des Ho'oponopono dazu entwickelt, das Hoppen. Diese Herzenstechnik der Heilung und des Vergebens ist für viele die »neue Dimension der Realitätsgestaltung« geworden, da sie die Kraft des Herzens in den Mittelpunkt stellt und damit ganz im Einklang mit den Energien der neuen Zeit steht.

Dieses kleine Heilritual des Hoppens kann mich mit meinen eigenen Schöpfungen versöhnen. Und es führt dazu, dass die in mir vermehrt fließende Liebe auch im Außen beginnt, neue Formen anzunehmen und so mein Leben zu verändern. Ich weiß nicht, wie, aber ich weiß, dass dieses Mehr an Liebe Veränderungen hervorruft, die ebenfalls mehr Liebe in sich tragen. Und von diesen kann ich mich positiv überraschen lassen.

Frage 7:

Was ist die beste innere Einstellung, die ich beim Bestellen einnehmen kann?

Wie schon vorher erwähnt, ich betrachte das Universum als unseren besten Freund. Es möchte gern gut behandelt werden und mag es gar nicht, wenn ich ihm Druck mache. Dieser Druck entsteht, wenn etwas geschehen »muss«. Ein Wunsch, der dringend ist und unbedingt geliefert werden muss, macht mein gesamtes Lebensglück von dessen Erfüllung abhängig. Und hier liegt der Denkfehler.

Denn es ist genau umgekehrt: Immer dann, wenn ich bereits in meiner Mitte, meinem Zentrum und meinem persönlichen Frieden angekommen bin, genau dann funktionieren die Bestellungen am besten. Also dann, wenn ich bereits glücklich bin. Dann mache ich mein persönliches Glück nicht von der Lieferung meines Wunsches abhängig, da ich es verstehe, mich selbst glücklich zu machen. Wahrscheinlich meinte Buddha genau dies mit seinem Ausspruch: »Es gibt keinen Weg zum Glück, Glück ist der Weg.« Dem bereits Glücklichen wird noch mehr Glück geschenkt. Glück zieht noch mehr Glück an.

Es ist tatsächlich so: Je glücklicher jemand ist, desto schneller erfüllen sich seine Wünsche. Wir sollten darum das Bestellen eben gerade nicht als Weg dazu verwenden und ansehen, um auf diese Weise glücklich zu werden. Die Bestellungen sind für mich viel eher eine Art Messinstrument, ein Indikator dafür, um mir anzuzeigen, wie sehr ich schon bei mir und in meiner Mitte angekommen bin. Dann bin ich ebenfalls in bestmöglicher Verbindung zum Universum.

Das Leben als solches reagiert in dieser Hinsicht sehr menschlich. Wenn man es liebt, wie es ist, wird es zum besten Freund. Wenn man an ihm herumnörgelt, wird es zum Gegner. Wenn ich ängstlich, ärgerlich, gestresst oder unglücklich bin, dann funktionieren die Bestellungen einfach nicht. Das Leben zu lieben, wie es ist, und sich an ihm zu erfreuen, ist in jeder Hinsicht das Klügste, was man überhaupt tun kann. Denn fast alles, was ich mir aus Freude am Leben vorstelle und wünsche, das wird per

Express geliefert. Einfach weil ich dann am meisten verbunden bin mit der Alleinheit und sie Freude daran hat, mir zu geben, was mich erfreut. Der Volksmund wusste das bereits, indem er formulierte: Der Herr gibt es den Seinen. Der Herr erfüllt die Wünsche all derer, die sich an seiner Schöpfung erfreuen – egal, was kommt.

Frage 8:

Ich bin ein gläubiger Mensch und glaube an so etwas wie eine göttliche Führung, die mich beschützt und die mich lenken möchte. Kann es darum nicht sogar sein, dass ich mit meinen Bestellungen den größeren, göttlichen Willen blockiere oder ihm zuwiderhandle?

Zunächst einmal höre ich aus der Formulierung dieser Frage heraus, es könnte doch bei dieser Sichtweise auf das Universum das unverfänglichste und scheinbar beste Vorgehen sein, gar nichts mehr zu wollen und zu wünschen, um alles dem allumfassenden göttlichen Willen zu überlassen. Da es viele Wege gibt, mit dem uns bei der Geburt geschenkten freien Willen umzugehen, ist auch dies bestimmt ein gangbarer Weg. Der freie Wille ermöglicht uns immer eine Wahl, wie wir ihn einsetzen wollen. Ich kann mich entscheiden, mir etwas zu wünschen. Und ich kann mich bemühen, gänzlich darauf zu verzichten. Das darf ein jeder für sich selbst entscheiden. Das Bestellen beim Universum ist nur ein Vorschlag, den jeder als Möglichkeit aufgreifen kann oder eben nicht.

Die Möglichkeit, ganz auf das Wünschen zu verzichten, erscheint mir jedoch für unsere westliche Welt wenig praktikabel. Wir setzen uns Ziele, haben Pläne, wollen kreativ sein und unsere Ideen verwirklichen. Wir haben Visionen von einer bestimmten Zukunft, wollen eine Ausbildung, einen guten Beruf, vielleicht eine Familie und schließlich Kinder. All dies, Ziele, Pläne, Visionen, Ideen und Zukunftsplanungen, was sind sie alle denn anderes als Wünsche? Und was wären wir ohne sie? Mark Twain sagte in diesem Zusammenhang einmal: »Trenne dich nie von deinen Träumen (Wünschen). Wenn sie verschwunden sind, wirst du weiterexistieren, aber aufgehört haben zu leben.«

Um auf die Frage eingangs zurückzukommen, glaube ich persönlich eher ganz im Gegenteil, dass die Bestellungen uns vielmehr signalisieren sollen, wie wenig wir tatsächlich getrennt sind vom Universum und der uns umgebenden Welt. Das Außen wirkt auf das Innere, so wie das Innen auf das Außen wirkt. Die Tatsache, dass Bestellungen geliefert werden, muss doch in letzter Konsequenz für uns bedeuten: Es gibt eine Art Schalter in uns, der uns in unmittelbare Verbindung zum Kosmos bringen kann. Alles, was wir zu tun haben, ist, uns auf seine Frequenz einzuschwingen. Wie in den Fragen zuvor schon angesprochen, tun wir dies, indem wir einen inneren Zustand von Liebe, Dankbarkeit, Freude, Demut und Glück einnehmen. Dann gelingen nicht nur die Lieferungen immer erfolgreicher, nein, dann spüren wir außerdem, immer mehr bei uns selbst anzukommen und auch ohne Bestellungen glücklich zu sein.

Neale Donald Walsch hat mit seinen Büchern über die »Gespräche mit Gott« sicher ganz viel dazu beigetragen, unseren Kontakt zur Schöpfung zu verbessern. Er weist immer wieder darauf hin: Wir waren nie getrennt von Gott und werden es auch nie sein. Unsere Probleme beginnen damit, dass wir dies denken. Wir erinnern uns als Menschheit immer mehr daran, diese stets vorhandene Einheit mit dem göttlichen Bewusstsein neu zu entdecken. Und die Bestellungen sind ein willkommenes Instrument dazu.

Vielleicht ist es ja gerade umgekehrt und die göttliche Ordnung hat uns die Bestellungen geschenkt, damit wir uns an unsere Verbindung zur Schöpfung erinnern. Etwa so, wie wir in der Schule ein Fleißkärtchen bekommen haben für eine gute Hausarbeit, so erfüllt uns das Universum unsere Wünsche, wenn wir endlich wieder zurück zu ihm finden. Wenn ich Gott wäre, hielte ich das für eine nette Idee!

Wie sonst als durch uns, als Menschen, sollte sich der göttliche Wille denn manifestieren? Natürlich haben wir als Menschen viele Möglichkeiten, unseren freien Willen auszudrücken und zu leben. Wir können in unser höchstes Potenzial finden oder in einer Art Schlafzustand verharren, und natürlich existieren noch unendlich viele Möglichkeiten dazwischen im ewigen Spiel von Licht und Schatten. Glück bedeutet für mich, immer mehr in mein ganzes Potenzial zu finden und mich selbst dabei immer mehr zu entdecken. Die Fähigkeit, Bestellungen aufzugeben, ist ein wichtiger Teil dieses Potenzials. Wie sonst sollte ich meine Schöpferkraft entdecken, wenn ich sie nicht ausprobieren dürfte? Die nächste Frage schließt an diese Thematik an.

Frage 9:

Was passiert mit meinen Bestellungen, wenn ich viel Erfahrung damit gesammelt habe und eine wirklich gute Verbindung zum Universum besteht? Wie bestellt ein fortgeschrittener Universumsbesteller?

Wie gerade schon erwähnt, bin ich der Ansicht, dass die Bestellungen ebenfalls zum großen göttlichen Plan dazugehören. Als winziger Baustein dieser Welt, den du und ich nun einmal darstellen, sind wir alle ein Fünkchen Gottes, das sich selbst bewusst werden und sich selbst erfahren möchte. Im großen Hologramm dieser Welt sieht sich die Schöpfung im Spiegel ihrer Kreationen und entdeckt sich dabei voller Begeisterung und Freude immer wieder neu.

In diesem holistischen, ganzheitlichen Bild sind wir alle kleine Bausteine, die entdecken möchten, wie es ist, sich schöpferisch auszudrücken. Eine Blume drückt sich aus, indem sie Duft und Schönheit verkörpert. Ein Baum drückt sich aus, indem er Pracht und Wachstum verkörpert. Ja, selbst ein Berg drückt sich aus, indem er Macht und Größe verkörpert. Also, Hand aufs Herz, was möchtest du verkörpern?

Ein Mensch, der sich schon seit Jahren mit dem Bestellen auseinandersetzt, hat dabei verschiedene Ebenen des Wünschens durchschritten. Der anfängliche Skeptiker wagte erste, scheue Versuche, sich etwas zu bestellen. Und nach den ersten unglaublichen Lieferungen folgte dann in der ersten Begeisterung eine Art Bestellrausch, in dem alles noch größer, bunter und toller gewünscht wurde. Und das Leben dieses Menschen wurde voller und erfüllender. Dann aber war dies nicht mehr genug. Denn das Glück möchte sich verteilen. Es möchte auf andere weiterspringen und auch die Menschen unserer Umwelt beglücken. Denn dein Glück wird dir erst vollends bewusst, wenn du es verschenkst.

Das Wünschen geht bei einem erfahrenen, bewusster gewordenen Besteller über ihn selbst hinaus. Er wünscht nicht mehr nur für sich, nein, er bestellt nun viel öfter auch für andere Menschen. Denn er fühlt sich immer mehr verbunden mit dem Universum und damit ganz selbstverständlich ebenfalls mit den Menschen seiner Umwelt. Seine Wunschkraft wächst über ihn hinaus, er bestellt dann gleich für viele oder alle Menschen.

Um auf Frage 8 zurückzukommen: Die Frage nach göttlichem oder eigenem Willen stellt sich irgendwann nicht mehr. Wenn die Verbindung zum Universum wächst, dann spüre ich in mir, in meinem Herzen, einen Wunsch, und ich vermag eines Tages nicht mehr zu trennen, war das nun mein eigener Wunsch oder meine innere Stimme, die mir den Wunsch der Schöpfung einflüsterte. Wünschen und Beten sind dann nicht mehr zu trennen, meine Bestellungen finden in inniglicher Verbindung mit dem kosmischen Pulsschlag statt. Ich finde in mein höchstes Potenzial und lebe im Gleichklang mit meiner inneren Führung. Ich spüre den göttlichen Wunsch und stelle mich ihm zur Verfügung.

Mir wird dann klar: Ich kann gar nicht nicht bestellen. In einem inneren Zustand von Glück und Zufriedenheit besteht der Kontakt zum Universum automatisch und ich bestelle sozusagen immer, auch ohne expliziten Wunschzettel. Mein Herz bestellt dann, einfach durch meine Gefühle und inneren Bilder voller Freude und Dankbarkeit.

Damit verschwindet die scheinbare Trennung zwischen dem Universum und mir. Ich bestelle, ohne zu bestellen, im Einklang mit der Schöpfung.

Nachwort

In diesem Buch habe ich dir nun so manches über das Bestellen beim Universum vermittelt und dir deine speziellen Bestelltypen dabei hoffentlich ein wenig näherbringen können. Jetzt kommen wir gemeinsam zum Ende dieses Buches und ich habe das Gefühl, dir doch noch etwas Wichtiges zum Abschluss sagen zu sollen.

Fühlen ist dabei schon das Stichwort. Für mich dreht sich alles um unser Gefühl. Mal ganz unabhängig vom Bestellen beim Universum, bei dem das Fühlen natürlich ebenfalls eine sehr wichtige Rolle spielt, ist unsere Fähigkeit, uns spüren und erleben zu können, für mich die wichtigste Fähigkeit überhaupt. Durch unsere Empfindungen sind wir mit uns selbst in Verbindung, mit unseren Bedürfnissen, und erst die Erfüllung unserer wesentlichen Bedürfnisse ist es, die uns wirklich glücklich macht. Unser Gefühl sagt uns, was wir gerade am meisten brauchen – und das sagt es uns in jedem Moment, unser ganzes Leben lang. Wenn wir ihm vertrauen und darauf hören.

Wir sind vor allem fühlende, spürende Wesen. Und dies wird uns im neuen Gefühlszeitalter immer bewusster werden. Unser Gefühl stellt unsere Verbindung zu uns selber her, und ist dies erst einmal gut etabliert, dann spüren wir darüber hinaus unsere enge Verbindung zu anderen Menschen und schließlich sogar zum Universum selbst. Die simple Frage »Wie fühlt sich das an, in diesem Moment?« verbindet uns wieder mit unseren Empfindungen und hilft uns so, für uns selbst zu sorgen.

In einer Zeit, in der Stress und Burn-out zur Tagesordnung gehören, ist diese Rückbesinnung auf unsere vielleicht wichtigste Fähigkeit, das Fühlen, für mich darum so wesentlich. Wenn ich mich spüre, kann ich selbst für mich sorgen, mir selbst meine Bedürfnisse erfüllen, was in der Folge wieder für ein Wohlgefühl in mir sorgen wird. Mehr auf unsere Gefühle zu achten ist der Schlüssel zu einer größeren Selbstliebe und einem besseren Umgang mit mir. Wie das Prinzip »wie innen, so außen« nahelegt, kann das Universum mich nur so gut versorgen, wie ich in der Lage bin, es selbst zu tun. Hilf dir selbst, dann hilft dir Gott.

Die Liebe zu mir selbst stärkt mich in meinem Wohlgefühl und meinem Selbstbewusstsein. Wenn ich mich selbst liebe, wächst mein Selbstwert und ich nehme mich und meine Bedürfnisse in angemessener Weise wichtig. Ich spreche in diesem Zusammenhang gern von einem inneren Zentrum, das bei jedem Schritt in die Selbstliebe immer mehr wächst und mir Gewicht gibt; es lässt mich in den Stürmen des Lebens widerstandsfähiger und immer seltener wie ein Blatt im Wind umhergeweht werden. Selbstliebe schenkt mir eine Art inneren Kern, der mich stärkt und behütet und auf den ich bei Problemen zurückgreifen kann. Dieser Kern nährt mich. Dieser Kern wächst in unserem Herzen, wenn wir immer mehr in die Liebe finden: zu uns selbst wie auch zu anderen Menschen.

Die Verbindung zu unserem Herzen lässt uns sozusagen zum Selbstversorger werden, wir werden in die Lage versetzt, uns selbst zu geben, was wir am dringendsten brauchen. Wenn wir uns selbst lieben, werden wir unabhängiger von der Liebe, die andere Menschen uns geben, aber paradoxerweise erhalten wir, vielleicht gerade, da wir nicht mehr so bedürftig sind, immer mehr Liebe von anderen Menschen. Je mehr die Selbstliebe wächst, umso mehr werden wir auch Wertschätzung und Anerkennung von unserem Außen erhalten. Liebe dich selbst, und es ist egal, wen du heiratest!

Natürlich folgt daraus, wenn wir selbst uns lieben, dann wird auch unsere Beziehung zum Universum immer besser. Wir sind selbst in der Lage, unseren inneren Kern zu stärken, und Mangelgefühle treten immer seltener auf. Die Sonne unseres Herzens beginnt zu strahlen und wärmt dabei uns wie auch die Menschen in unserer Umgebung. Und solch eine Sonne wird auch das Universum neugierig beachten und jeden unserer Schritte aufmerksam verfolgen. Es denkt: ›Was für ein interessanter Mensch! Und wie gut ich ihn spüren und erleben kann! Wir haben wirklich einen guten Draht zueinander. Wäre doch jeder Mensch so wie dieser hier!‹

Wenn wir immer mehr in die Liebe finden und wenn unser Herzzentrum immer größer wird, dann schwingen wir immer häufiger in der Frequenz, die ich die Sprache des Universums nennen möchte. Liebe ist eine Art Ursubstanz, in der wir schwimmen wie Fische im Ozean, ohne es zu merken. Liebe ist so schwer zu erklären, da sie überall schwingt, in uns und um uns herum. Versuch doch einmal, einem Fisch das Wasser zu erklären. Da seine ganze Welt aus eben diesem Wasser besteht, alles ausmacht, alles umgibt – wo soll man da mit der Erklärung anfangen, wo aufhören? Ebenso verhält es sich mit der Liebe für uns Menschen. Sie ist unser Ausgangspunkt, unser Weg, unser seelisches Ziel.

Die Liebe, die wir verschenken, sie wird uns selbst zuteil. Das Glück wird mehr, wenn wir es weitergeben. All diese scheinbar so paradoxen Prinzipien der Liebe werden klarer, wenn wir uns dies bewusster machen. Wie die Fische im Meer, die im Wasser leben, so umgibt uns die Liebe, unsichtbar. Sie ist immer da und wird immer da sein. Und wir spüren ihre Wirkung, wenn wir sie verschenken und weitergeben. Denn dazu ist sie offenbar da.

Wenn wir in die Liebe finden und ihre Wirkmechanismen immer mehr begreifen, dann ist das Bestellen beim Universum am Ziel seiner Reise angekommen. Wir geben auch hier unsere Liebe weiter und bestellen nicht mehr nur für uns, sondern mehr für andere. Wenn ich glücklich bin, dann möchte mein Herz dieses Glück verteilen und am besten die ganze Welt ins Herz nehmen. Wenn die Bestellungen am besten funktionieren, wenn ich eine super Verbindung zum Universum aufbaue, dann ist die Liebe zu uns selbst der Meisterweg dorthin. Meine Liebe möchte sich dann nur noch verschenken, und das Universum hilft mir netterweise dabei.

Liebe verschenken ist, um es mit einem anderen Wort zu sagen, nichts anderes als segnen. Zu segnen bedeutet, meine Liebe etwas anderem zu geben, einem Menschen, einem Tier, der ganzen Welt. Segnen ist deshalb für mich die Form, in unserer neuen Zeit zu bestellen: aus dem Herzen, aus der Liebe heraus. Immer mehr für andere, damit meine Liebe sich erkennt und sieht, welche fruchtbaren Auswirkungen sie besitzt und haben kann. Also, möge auch dieses Buch ein Segen für dich sein! Möge es dir nutzen und helfen und dir das Bestellen beim Universum noch einmal in einer ganz neuen Form vermitteln. Möge die Kraft des Segnens sich immer mehr verbreiten. Und mögen dein Herz und deine Liebe dich führen und leiten – immer mehr hin zu deinem persönlichen Glück!

In Verbundenheit
Manfred Mohr

Anhang

Verwendete Literatur:

Kapitel 3: Die Bedeutung deiner Lebenszahl

Dan Milman, *Die Lebenszahl als Lebensweg*, Ansata 1993

Johanna Paungger, Thomas Poppe, *Das Tiroler Zahlenrad*, Graefe und Unzer 2008

Kapitel 5: Dein Sternzeichen und seine Eigenschaften

Michael Rocher, *Venus und Mars – Partnerschaft und Sexualität im Horoskop*, Droemer 1988

Liz Greene, *Sag mir dein Sternzeichen, und ich sage dir, wie du liebst*, Ullstein 1990

Dietrich Volkmer, *Mars im Spiegel*, Energetik Verlag 1991

Robert Hand, *Das Buch der Transite*, Hugendubel 1999

Wolfgang Döbereiner, *Heyne Tierkreis-Bücher für alle Sternzeichen*, Heyne 1974

Gary Goldschneider, Joost Elffers, *Das Geburtags-Buch*, Tandem 2006

Fritz Riemann, *Lebenshilfe Astrologie*, Pfeiffer 1996

Veröffentlichungen und Seminare:

Bücher von Manfred Mohr

Die fünf Tore zum Herzen, Koha 2011

Das Wunder der Dankbarkeit – wie Wertschätzung das Leben verwandelt, Gräfe und Unzer 2012

Das kleine Buch vom Hoppen, Schirner 2013

Das Wunder der Selbstliebe – ein Jahresbegleiter auf dem Weg zu deinem Herzen, Tischaufsteller, Gräfe und Unzer 2013

Ho'oponopono – Eine Herzenstechnik für Heilung und Vergebung, Koha 2013

Verzeih Dir! Die schönsten Meditationen, um Frieden mit sich selbst und anderen zu schließen, Hörbuch, Ullstein 2014

Verzeih Dir! Inneren und äußeren Frieden finden mit Ho'oponopono, Ullstein 2014

Mit dem Herzen segnen, Koha 2014

Bestellung nicht angekommen – die größten Irrtümer beim Wünschen, Goldmann 2014

Die Wunderkraft des Segnens, Nymphenburger 2015

In 30 Tagen hoppen lernen, Lebensraum Verlag 2015

Danke für die Lieferung – wie das Universum uns immer aufs Neue beschenkt, Goldmann 2015

Gebete ans Universum – wie wir Hilfe für die wirklich wichtigen Dinge im Leben erhalten, Goldmann 2016

Der Bambus-Effekt – durch gefühlvolle Akzeptanz über sich selbst hinauswachsen, Knaur 2017

Endlich zu Hause in mir – das 7-Schritte-Programm zur Selbstliebe, Knaur 2018

Bestellungen beim Universum heute – 20 Jahre Wunscherfüllung, Silberschnur 2018

Deine Zahlen, deine Sterne – sich selbst erkennen, andere verstehen, Silberschnur 2019

Wunschkalender 2020 (mit Pierre Franckh), Koha 2019

Vergeben, Versöhnen, Verzeihen – Frieden beginnt bei uns selbst, Anram 2019

Bücher von Bärbel und Manfred Mohr

Fühle mit dem Herzen und du wirst deinem Leben begegnen, Koha 2007

Cosmic Ordering – Die neue Form der Realitätsgestaltung nach dem alten hawaiianischen Ho'oponopono, Koha 2009

Bestellungen aus dem Herzen – wie die Liebe den Wünschen Kraft verleiht, Omega 2010

Das Wunder der Selbstliebe – der geheime Schlüssel zum Öffnen aller Türen, Gräfe und Unzer 2011

Ausbildung zum Coach für positive Realitätsgestaltung

In jedem Jahr bietet Manfred Mohr die Ausbildung zum »Coach für positive Realitätsgestaltung« an. Sie wendet sich an alle, die intensive Versöhnungsarbeit auf lockere und leichte Weise üben möchten. Übungen zum Bestellen beim Universum, zur Selbstliebe wie auch zum hawaiianischen Ho'oponopono sind wesentliche Bestandteile der Ausbildung. An vier Wochenenden werden vier Schwerpunktthemen behandelt:

1: Heilung von Beziehungen:
Hooponopono – das hawaiianische Vergebungsritual

2: Meine Beziehung zu mir selbst (I):
Das Wunder der Selbstliebe

3: Meine Beziehung zu mir selbst (II):
Wieder fühlen lernen

4: Meine Beziehung zum Universum:
Wochenendseminar Wunscherfüllung

Wer die Ausbildung in Form von zwei knapp einwöchigen Ferienseminaren absolvieren möchte, kann alternativ die beiden Seminarwochen »Selbstliebe und Wunscherfüllung« und »Selbstliebe – wieder fühlen lernen« im Haus Lichtquell in Todtmoos besuchen. Ho'oponopono ist Teil von beiden Wochen, die jeweils im Frühling und im Herbst stattfinden. www.lichtquell.de

Näheres dazu findet sich unter **www.manfredmohr.de**, Stichwort »Ausbildung«.

Über den Autor

Dr. Manfred Mohr ist promovierter Chemiker. Nach vielen Jahren in beratender Tätigkeit für die Wirtschaft ist er heute erfolgreich als Autor und Seminarleiter für Persönlichkeitsentwicklung tätig. Mit »Das Wunder der Selbstliebe« aus dem Jahre 2011 wurde er auch einer größeren Öffentlichkeit bekannt. Inzwischen sind mehr als 300.000 Bücher von ihm verkauft. Manfred Mohr war mit der 2010 verstorbenen Bestsellerautorin Bärbel Mohr verheiratet und lebt mit ihren gemeinsamen Zwillingen in der Nähe von München. Er führt ihr geistiges Erbe weiter.

www.manfredmohr.de

256 Seiten, Klappenbros.
ISBN 978-3-89845-617-3
€ [D] 12,00

Manfred Mohr

Deine Zahlen – deine Sterne

... sich selbst erkenne – andere verstehen

Jeder kennt Menschen, mit denen der Umgang kompliziert ist. Mit diesem Buch gelingt es, ihr Verhalten besser zu verstehen und leichter mit ihnen umzugehen.

Es lädt ein zur humorvollen Selbsterkenntnis und entspannten Akzeptanz der eigenen Stärken und Schwächen – und trainiert die Fähigkeit, deine Mitmenschen wie dich selbst mit einem Augenzwinkern so nehmen zu können, wie wir nun einmal sind.

192 Seiten, gebunden
ISBN 978-3-89845-605-0
€ [D] 12,95

Manfred Mohr

Bestellungen beim Universum heute

Neues Wünschen in einer neuen Zeit

Das Bestellen beim Universum hat sich von seinen Anfängen bis heute stark verändert. Dieses Buch zeigt die Änderungen, welche Neuerungen hinzukamen und wie man heute am besten bestellt.

Es hilft dir zu spüren, wie eng verflochten wir mit dem Universum sind und wie entscheidend unsere innere Haltung ist. Entdecke auch du die neue Form des Bestellens für dich!

192 Seiten, gebunden
ISBN 978-3-930243-53-2
€ [D] 10,95

Bärbel & Manfred Mohr

Bestellungen aus dem Herzen

Wie die Liebe Wünschen Kraft verleiht

Viele Menschen bestellen inzwischen beim Universum – doch nicht immer werden ihre Wünsche erfüllt. Bärbel & Manfred Mohr untersuchen hier, wodurch manche Universumsbesteller ihre Wunscherfüllung selbst behindern.

Hier hilft es, die eigene Gefühlswelt zu erforschen und zu verbessern. Unterstützung gibt es dabei durch die Liebe und das Hören auf die Stimme des Herzens. Vorgestellt werden außerdem einige neue wirkungsvolle Bestelltechniken und ein Ritual mit den »10 Bestellregeln des Herzens«.

160 Seiten, gebunden
ISBN 978-3-89845-516-9
€ [D] 12,95

Bärbel Mohr

Bestellungen beim Universum

Ein Handbuch zur Wunscherfüllung

Bärbel Mohr zeigt dir, wie du dir den Traumpartner, den Traumjob oder die Traumwohnung u.v.m. beim Universum »bestellen« kannst. Sie bringt dir bei, auf deine innere Stimme zu hören, und beweist, dass du wirklich alles bekommen kannst, was du dir wünschst! Ihre Rezepte zur Erfüllung der kleinsten und größten Wünsche helfen dir, dein Leben im Großen wie im Kleinen viel positiver zu gestalten, damit du die Wunschbestellung erfolgreich abschicken kannst und die geordrete Lieferung auch in vollem Umfang erhältst.

192 Seiten, gebunden
ISBN 978-3-930243-24-2
€ [D] 10,95

Bärbel Mohr

Reklamationen beim Universum

Nachhilfe in Wunscherfüllung

Wie man sich die Erfüllung seiner Wünsche beim Universum wie bei einem Versandhaus bestellen kann, erklärt Bärbel Mohr in ihrem Buch *Bestellungen beim Universum*. Was aber ist, wenn die Lieferung auf sich warten lässt? Nicht neu bestellen, sondern reklamieren, rät die Autorin. Wo? Naturlich beim Universum!

Wie, das wird in dieser »Nachhilfe zur Wunscherfüllung« erklärt. Mit vielen Tipps, Tests und Antworten auf häufig gestellte Fragen.

192 Seiten, broschiert
ISBN 978-3-89845-544-2
€ [D] 12,95

Bärbel Mohr

Der Skeptiker und der Guru

Auf dem Weg zur eigenen Wahrheit

Bärbel Mohr nimmt uns mit auf eine Reise nach Indien in einen Ashram. Dort begegnen wir einem Paar, wie es unterschiedlicher kaum sein kann. Er: Der Skeptiker, der den Guru vorverurteilt hat und diesen als Verführer der Seelen entlarven will. Sie: Die Esoterikerin, die den Guru anhimmelt und sich der spirituellen Erlösung nahe glaubt. Beide berichten in ihrem Tagebuch über das Leben im Ashram und die Begegnungen mit dem Guru – wobei alles dann doch ganz anders wird, als ursprünglich erwartet ...

176 Seiten, 2-fbg., broschiert
ISBN 978-3-89845-467-4
€ [D] 12,95

Franziska Krattinger

Woran Pechvögel hängen und worauf Glückspilze aufbauen
Alles beginnt klein und endet groß

Bestimmen Sie Ihr Leben mit der Kraft Ihrer Gedanken und Gefühle selbst! Franziska Krattinger zeigt die Lösungen dazu. Die Möglichkeiten zur Verbesserung unseres Lebensgefühls sind verblüffend einfach, wirkungsvoll und für jedermann leicht anzuwenden ...
Ein kleines Buch mit großer Wirkung, da es die Kraft des positiven Denkens in uns entfacht!

128 Seiten, 2-fbg., Flexocover
ISBN 978-3-89845-584-8
€ [D] 12,95

Jessica Lütge

Alles, was du über dich wissen musst
222 Fragen zum Ausfüllen und Staunen

Was sind die wirklich wichtigen Fragen des Lebens? Die Fragen, die tiefer gehen, die zeigen, was uns ausmacht und wer wir tatsächlich sind?
Jessica Lütge hat 222 Fragen formuliert, deren Antworten erstaunliche Selbsterkenntnisse zutage fördern. Man lernt sich so von einer Seite kennen, die einem bisher verborgen blieb.
Entdecke dein neues Leben und sei neugierig, was in der nächsten Zeit alles passiert.

224 Seiten, durchg. farbig, broschiert
ISBN 978-3-89845-406-3
€ [D] 19,95

Seena B. Frost

SoulCollage® – Kreativbilder deiner Seele
Das neuartige Arbeitsbuch zur Selbstfindung

SoulCollage® ist die neue, kreative Art, sich selbst besser kennenzulernen. Mit einer Schere, Fotos oder ein paar Magazinen und Klebstoff schaffen Sie Bilder Ihrer Seelenlandschaften.
Die Seelencollagen geben uns die Möglichkeit, unserer intuitiven Weisheit zu lauschen, die durch die Bilder der Karten auftaucht. Und so entdecken wir unsere Seele mit ihren Schatten sowie ihren angeborenen Fähigkeiten.

Kurt Tepperwein

Was immer du willst

Magnetisch anziehen, was Freude macht

Jeder Mensch besitzt magnetische Kräfte. Kurt Tepperwein zeigt Ihnen, wie Sie Ihre Magnetkräfte aktivieren können, um Ihrem Leben eine Richtung zu geben, die Sie wirklich zufrieden und glücklich macht.

Wenn Sie also magnetisch anziehen wollen, was Freude macht, halten Sie das richtige Buch in der Hand. Es ist an der Zeit, dass Sie bekommen, was immer Sie wollen!

136 Seiten, broschiert
ISBN 978-3-89845-608-1
€ [D] 12,00

Dick Sutphen

Das Orakel in Dir

Endlich Antwort auf die wichtigsten Fragen Ihres Lebens ...

Dieser leicht verständliche Leitfaden erweitert auf spielerische Weise das Bewusstsein, denn das Orakel bringt Sie in Kontakt mit Ihrem Höheren Selbst, das die Antworten auf Ihre drängendsten Fragen bereithält.

Diese inspirierenden 250 Botschaften bieten metaphysische Antworten, helfen beim spirituellen Erwachen und sind eine Inspiration für jeden Tag.

280 Seiten, broschiert
ISBN 978-3-89845-625-8
€ [D] 15,00

Bernd Späth

Bloß kein Coaching ... oder doch?

Wie Sie endlich Ihren gestörten Chef und Ihre seltsamen Kollegen verstehen

Dank der heiter-schrägen Kurzgeschichten von Coach Bernd Späth versteht man, warum die Menschen heute so gestört und seltsam sind, wie sie eben sind – und entdeckt, wie man für sich selbst Lösungen findet.

Ein hervorragender und immer wieder lustiger Ratgeber für alle, die sich im Jobleben – und nicht nur dort – zurechtfinden wollen!

272 Seiten, broschiert
ISBN 978-3-89845-631-9
€ [D] 16,00

Weiterführende Informationen zu
Büchern, Autoren und den Aktivitäten
des Silberschnur Verlages erhalten Sie unter:
www.silberschnur.de

Natürlich können Sie uns auch gerne den
Antwort-Coupon aus dem beiliegenden
Lesezeichenflyer zusenden.

Ihr Interesse wird belohnt!